Angst kommt und geht

Angst kommt und geht

John P. Forsyth, Georg H. Eifert

John P. Forsyth
Georg H. Eifert

Angst kommt und geht

52 Wege, inneren Frieden zu finden

Aus dem Amerikanischen
von Matthias Wengenroth

Dr. John P. Forsyth, University at Albany, SUNY.

Dr. Georg H. Eifert, School of Health and Life Sciences, Chapman University, Orange (Kalifornien).

Bibliografische Information der Deutschen Nationalbibliothek
Die Deutsche Nationalbibliothek verzeichnet diese Publikation in der Deutschen Nationalbibliografie; detaillierte bibliografische Daten sind im Internet über http://www.dnb.de abrufbar.

Anregungen und Zuschriften bitte an:
Hogrefe AG
Lektorat Psychologie
Länggass-Strasse 76
3012 Bern
Schweiz
Tel. +41 31 300 45 00
info@hogrefe.ch
www.hogrefe.ch

Lektorat: Dr. Susanne Lauri, Lisa Maria Pilhofer
Bearbeitung: Lydia Zeller, Zürich
Herstellung: René Tschirren
Umschlagabbildung: © Getty Images/NataliaDeriabina
Umschlag: Claude Borer, Riehen
Satz: punktgenau GmbH, Bühl
Druck und buchbinderische Verarbeitung: AZ Druck und Datentechnik GmbH, Kempten
Printed in Germany

1. Auflage 2020

(E-Book-ISBN_PDF 978-3-456-95983-2)
(E-Book-ISBN_EPUB 978-3-456-75983-8)
ISBN 978-3-456-85983-5
http://doi.org/10.1024/85983-000

Für meine Frau Jamie: Deine beständige Liebe und Unterstützung haben die Dunkelheit in Licht verwandelt und alles möglich gemacht. Ich liebe dich! Und für die vielen Menschen, die mit Ängsten zu kämpfen haben: Dieses Buch ist ein Zeugnis eures Mutes, eurer Stärke und eurer Güte.

John P. Forsyth

Für meine Frau Diana: Es macht mich dankbar und ich empfinde es als Segen, dass wir unseren Weg mit Liebe, Humor und großer Freude gemeinsam gehen – wir wissen, dass alle Möglichkeiten in uns liegen. Und für meine Lehrer, verschiedene in verschiedenen Zeiten: Ohne eure Inspiration wäre ich nicht da, wo ich heute bin.

Georg H. Eifert

Inhaltsverzeichnis

Dank

Der Same, aus dem dieses Buch hervorgegangen ist, wurde vor einigen Jahren gelegt, als Catharine Meyers – unsere Mitverlegerin bei New Harbinger, mit der uns eine langjährige Freundschaft verbindet – uns ermutigte, unser gesammeltes Wissen, unsere Lehren und Übungen, die unserer Erfahrung nach von großem Nutzen für viele angstgeplagte Menschen sind, der Öffentlichkeit zugänglich zu machen. Seit über zehn Jahren unterstützt uns Catharine unermüdlich bei vielen Schreibprojekten und auch bei diesem Buch war sie eine große Inspiration. Wir sind ihr zutiefst dankbar für ihre Freundschaft und ihren klugen Rat, ihren Einfallsreichtum und ihr redaktionelles Können. Danke!

Wir möchten uns auch bei unserer Lektorin Kristi Hein für ihre ausdauernde und kompetente Arbeit mit dem Text bedanken. Das Buch, das Sie vor sich haben, hat durch Kristis behutsame Bearbeitung und ihre trefflichen Verbesserungsvorschläge enorm an Lesbarkeit gewonnen.

Und schließlich möchten wir uns auch noch bei Ihnen, der Leserin, dem Leser, dafür bedanken, uns genug zu vertrauen, um dieses Buch zur Hand zu nehmen und zu schauen, was es Ihnen zu bieten hat. Sie sollten wissen, dass Sie nicht allein sind auf Ihrem Weg und dass Sie alles haben, was Sie brauchen, um gut zu leben, wenn die Angst kommt und geht. Wir wünschen Ihnen Frieden und Freude auf Ihrem Weg durchs Leben.

Geleitwort des Übersetzers

Dieses Buch verlangt Ihnen einiges ab. Wenn Sie es lesen und die Übungen durchführen, die Ihnen John Forsyth und Georg Eifert ans Herz legen, werden Sie einiges ändern müssen an der Art und Weise, wie Sie bislang über die Angst gedacht haben und mit ihr umgegangen sind. Forsyth und Eifert machen Ihnen nichts vor: Angst kommt und geht – und daran wird sich auch nichts ändern, nachdem Sie dieses Buch gelesen und damit gearbeitet haben. Nein, Sie finden hier nicht das ultimative Rezept, wie Sie Ihre Angst endlich ein für alle Mal loswerden können. Kein noch so ausgeklügelter Psychotrick, kein noch so toll geschriebener Ratgeber, keine noch so lange Therapie kann die Angst aus Ihrem Leben verbannen. Sie müssen sich Ihrer Angst stellen und lernen, anders mit ihr umzugehen. Darauf sind Sie selbst wahrscheinlich schon gekommen oder haben es bereits gehört oder gelesen. Wenn Sie so wollen, ist das die schlechte Nachricht. Die gute: Anders als viele andere Überbringer dieser Botschaft – die, nebenbei gesagt, gar nicht so schlecht ist, da wir unseren Ängsten auch viel verdanken – lassen Forsyth und Eifert Sie damit nicht allein. Vielmehr nehmen Sie sie liebevoll unter ihre Fittiche und zeigen Ihnen Wege auf, wie Sie es schaffen können, der Angst ihren Stachel zu nehmen, sie zu entmachten und mit ihr Frieden zu schließen. Und sie helfen Ihnen, trotz oder, besser gesagt, *mit* der Angst das Leben zu führen, das Ihnen vorschwebt, und der Mensch zu werden, der Sie sein möchten.

Die Autoren greifen – und das merkt man in jeder Zeile dieses Buches – auf jahrzehntelange persönliche Erfahrung in der Begleitung von Menschen mit Angstproblemen zurück. Grundlage ihrer Arbeit sind dabei zum einen kulturelle Praktiken der Versenkung und Kontemplation (insbesondere die Achtsamkeitsmeditation) und zum anderen neueste Erkenntnisse und Vorgehensweisen auf dem Gebiet der Psychotherapie (insbesondere die Akzeptanz- und Commitmenttherapie).

Auch wenn Sie es von allen Seiten anders hören: Die Angst ist nicht das Problem. Das Problem ist, dass unser Kopf ein Problem aus der Angst macht. Man könnte die Situation von Menschen, die unter ihrer Angst leiden, vergleichen mit dem, was bei einer sogenannten Autoimmunerkrankung passiert: Unser Immunsystem, das hervorragend geeignet ist, Krankheitserreger, die in unseren Körper eindringen, zu identifizieren und unschädlich zu machen, richtet sich auf einmal gegen Bestandteile unseres eigenen Körpers, die völlig harmlos sind. Auch unser Verstand ist eigentlich ein hervorragendes System, das uns hilft, Probleme und Gefahren in unserer Außenwelt zu erkennen sowie Gelegenheiten zu nutzen, unser Leben positiv zu gestalten. Vertrackt wird es, wenn dieses System anfängt, sich gegen unsere Angst zu richten, gegen das Gefühl und die körperlichen Empfindungen, die damit einhergehen. Wenn es anfängt, nach innen so vorzugehen, wie es das sonst nach außen hin tut: die Dinge, auf die es stößt, erstens zu bewerten und – falls die Bewertung negativ ausfällt – zweitens zu bekämpfen. Falls dieser Vergleich an dieser Stelle für Sie noch nicht ganz einleuchtend ist, keine Sorge. Forsyth und Eifert werden Ihnen in den 52 Abschnitten dieses Buches nach und nach verdeutlichen, wieso das, was nach außen hin überaus sinnvoll ist, nach innen hin letztlich nicht funktionieren kann und alles nur schlimmer macht. Außerdem werden sie Ihnen zeigen, wie Sie es schaffen können, Ihren Verstand wieder dafür zu nutzen, wofür er eigentlich gemacht ist.

Hör auf, aus deiner Angst ein Problem zu machen, und LEBE! So fassen Forsyth und Eifert ihren Ansatz zur Entwicklung eines neuen Umgangs mit der Angst zusammen. Ihr LEBE steht für *Loslassen* – nämlich deinen Kampf gegen die Angst – , *Einladen* – nämlich alles, was du denkst und fühlst –, *Besinnen* – nämlich auf das, was für dich wirklich zählt – und *Engagiert handeln* – und zwar so, dass es dich wirklich weiterbringt, anstatt dich immer tiefer in den vergeblichen und alles nur noch schlimmer machenden Kampf gegen deine Angst und damit gegen dich selbst zu verstricken.

Ich gratuliere Ihnen dazu, zu diesem Buch gegriffen zu haben – es ist hervorragend! Wenn Sie es nicht nur lesen, sondern diese gelungene Mischung aus hilfreichen Erläuterungen, Denkanstößen und Übungen zumindest eine Zeit lang zu Ihrem täglichen Begleiter machen, werden Sie nicht nur lernen, besser mit Ihrer Angst umzugehen, sondern auch viel über sich lernen und sich als Mensch weiterentwickeln.

Matthias Wengenroth
Autor von „Das Leben annehmen“ und
„Gib dich nicht auf, lass dich wieder ein“

Einführung

Wir leben im Zeitalter der Angst. Millionen von Menschen auf diesem Planeten können ein Lied davon singen. Auch Sie wissen vielleicht, wie es ist, Angst zu haben. Sie kennen Angstgefühle und Angstgedanken. Womöglich begleitet Sie die Angst den ganzen Tag lang, vom Aufwachen bis zum Einschlafen – und verfolgt Sie vielleicht sogar noch bis in Ihre Träume hinein.

Es ist eine Tatsache, an der kein Weg vorbeiführt. Die Angst begleitet uns seit Menschheitsgedenken. Unsere Vorfahren brauchten sie zum Überleben. Auch wir brauchen sie. In unserer modernen industrialisierten Welt müssen sich die wenigsten von uns täglich gegen Raubtiere behaupten. Trotzdem sitzt vielen Menschen die Angst Tag für Tag im Nacken. Sie fühlen sich so, als wäre ständig ein hungriger Löwe hinter ihnen her. Auf die Dauer kann uns die Angst sämtliche Energie und Freude rauben. Sie kann buchstäblich die Macht über unser Leben übernehmen. Das Leben besteht dann nur noch aus Angst. Einfach nur Angst zu haben, ist schon schlimm genug. Wenn die Angst uns jedoch unfrei macht, dann wird sie zum Problem. Das aber muss nicht sein.

Dieses kleine Buch beschreibt 52 Möglichkeiten, sich aus den Fängen der Angst zu befreien und ihren falschen Hoffnungen und Versprechungen nicht auf den Leim zu gehen. Wie der Tobsuchtsanfall eines Kindes drängt sich die Angst in unser Bewusstsein und macht uns schwach und klein. Sie ruft: „Hör auf mich, sonst kannst du was erleben!" Sie versucht uns weiszumachen, unser Leben sei in Gefahr. Und sie droht: „Solange du Angst hast, wirst du niemals glücklich sein." Dies ist der ideale Nährboden für einen endlosen Kampf. Die Angst ist dann kein Gefühl mehr, das einfach erlebt werden kann. Vielmehr wird sie zu einem Problem, das überwunden werden muss, ehe man das Leben führen kann, das man sich so verzweifelt wünscht. Aber auch das muss nicht sein.

Der Kampf fordert seinen Preis

Sowohl uralte Weisheiten als auch moderne wissenschaftliche Erkenntnisse lehren uns, dass Angst und Furcht zu den unangenehmen, aber normalen Gefühlen gehören, die alle Menschen von Zeit zu Zeit befallen, solange sie am Leben sind. Ohne sie würden Sie dieses Buch nicht lesen. Etwas anderes ist der Kampf gegen die Angst. Dieser Kampf ist äußerst schmerzhaft und schädlich – und in den meisten Fällen unnötig. Dies zu begreifen ist sehr wichtig.

Aufkommende Angst betrachten wir oft als Feind. Wir erstarren, verschließen uns und ziehen uns zurück. Automatisch neigen wir dazu, die Angst zu vermeiden, zu bekämpfen oder vor ihr davonzulaufen. Dabei vergeuden wir viel Zeit und Energie und zahlen auf die Dauer einen hohen Preis. Wenn Sie nichts daran ändern, kann es irgendwann einmal sehr schmerzhaft sein, zurückzuschauen und festzustellen, wie viele Gelegenheiten Sie im Leben verpasst haben.

Die Angst selbst – ohne den Kampf dagegen – kann in mehrfacher Hinsicht nützlich sein. Unsere Vorfahren brauchten sie für ihre Sicherheit und ihr Überleben. Auch wir in der modernen Welt brauchen sie. Manchmal ist die Angst ein Warnsignal, das uns darauf hinweist, dass etwas nicht stimmt oder uns Gefahr droht. Sie kann Ansporn sein, uns mehr anzustrengen, um unsere Ziele zu erreichen. Oder sie enthält die Botschaft, dass uns etwas im Leben fehlt. Möglicherweise sind Sie vom Kurs abgekommen und haben sich weit entfernt von dem Leben, das Sie eigentlich führen wollen. Auch dann kann sich die Angst melden. Das Auftreten von Angst kann auch ein Zeichen dafür sein, dass Ihnen etwas sehr am Herzen liegt. So sehr, dass Sie fürchten, es zu verlieren.

Völlig überflüssig ist hingegen der unaufhörliche Kampf gegen die Angst. Es ist paradox: Je mehr man versucht, die Angst loszuwerden, umso mehr hat sie einen im Griff. Oft wird sie im Laufe der Zeit immer stärker. Zu lernen, diesen Kampf aufzugeben, ist das beste Gegenmittel gegen das Leid, das der erfolglose Kampf gegen die Angst und andere schmerzhafte Gefühle mit sich bringt.

Frei werden für ein gutes Leben

Seit Urzeiten leiden Menschen überall auf der Welt unter lähmenden Ängsten. Auch wir selbst sind davon nicht verschont. Viele Menschen konnten jedoch davon profitieren, sich mit den Inhalten zu beschäftigen, die wir Ihnen in diesem Buch vorstellen wollen. Viele haben Linderung und Heilung erfahren und konnten ihre Lebensqualität deutlich verbessern. Diese Möglichkeit haben Sie nun auch.

Dieses Buch soll Ihnen Hoffnung geben und einen Weg aufzeigen, der es Ihnen ermöglicht, das Leben zu führen, das Sie für sich wollen – ein Leben ohne die Fesseln des Kampfes gegen die Angst. Unser Ansatz beruht auf solider Forschung, sowohl unserer eigenen als auch der anderer Wissenschaftler. Dazu zählen Untersuchungen zu Emotionen (Arbeiten, die zeigen, dass die Unterdrückung von Gedanken und Gefühlen diese stärker werden lässt), achtsamkeitsbasierte Interventionen wie die Akzeptanz- und Commitmenttherapie (ACT) sowie aktuelle Erkenntnisse zur Förderung positiver Lebensveränderungen, menschlichen Wachstums und seelischer Gesundheit und Wohlbefindens. Wir werden in diesem Buch nicht näher auf diese wissenschaftlichen Grundlagen eingehen – das würde den Rahmen sprengen. Vielmehr werden wir Ihnen eine Reihe von bewährten Strategien vorstellen, die Ihren Umgang mit der Angst so verändern können, dass diese zu einer normalen Begleiterscheinung eines voll gelebten Lebens wird. Voraussetzung dafür ist, dass Sie bereit sind, die Dinge einmal ganz anders zu betrachten als bisher.

Es gibt einen Raum zwischen Ihnen und dem, was Sie denken und fühlen – einen Moment, in dem Sie frei entscheiden können, wie Sie reagieren und was Sie tun wollen. Dort existiert die Möglichkeit, anders mit Ihrem ängstlichen Geist und Ihrem ängstlichen Körper umzugehen – und mit Ihrem Leben. Sie können lernen, den Kampf aufzugeben und neue Richtungen einzuschlagen. So kann es gelingen, zufriedener und erfüllter zu leben. Dieses Buch will Ihnen eine Starthilfe für diese Reise sein.

Einige der Gedanken und Anregungen in diesem Buch mögen Ihnen ungewöhnlich, unzeitgemäß oder sogar ein bisschen verrückt vorkommen. Lassen Sie sich davon nicht abschrecken. Sie können mit ihrer Hilfe ein großes Stück an Freiheit gewinnen, Freiheit von dem Leid und den Verwerfungen, die die Angst in Ihrem Leben anrichtet. Sie haben die Chance, ein ganz anderes Verhältnis zu Ihrer Angst zu entwickeln. Die

Angst nicht mehr als Qual zu erleben. Nicht mehr Sklave der Angst zu sein. Sie werden lernen, Zugang zu innerer Stärke und Mut zu finden und die Angst einfach zu akzeptieren, ohne sich von ihr gängeln zu lassen. Dann und nur dann werden Sie frei sein zu tun, was Sie wirklich wollen.

Wir laden Sie ein, diesem Buch mit Offenheit und mit der Bereitschaft zu begegnen, etwas auszuprobieren, was neu ist und ganz anders als das, was Sie bislang getan haben. Eines sollte Ihnen dabei klar sein: Sie müssen nicht mögen, was Sie denken oder fühlen. Niemand mag Angst. Es geht auch nicht darum, erlittenes Unrecht einfach stillschweigend hinzunehmen. Wir wollen Ihnen zeigen, wie Sie über Ihre Angst hinauswachsen und die optimalen Bedingungen für ein glückliches Leben und *inneren Frieden* schaffen können. Sie können das, davon sind wir fest überzeugt!

Wie Sie dieses Buch sinnvoll nutzen können

Das Buch stellt Ihnen 52 Möglichkeiten vor, damit aufzuhören, vor Ihren Ängsten davonzulaufen, und sich stattdessen darauf zu konzentrieren, das Leben zu leben, das Sie leben wollen. Um davon zu profitieren, müssen Sie nicht alles glauben, was wir sagen. Sie müssen es nicht einmal vollkommen verstehen.

Die einfachen, kurzen und wirksamen Übungen aus diesem Buch vermitteln Ihnen neue Erfahrungen, Fähigkeiten und Möglichkeiten im Umgang mit Ihrer Angst und Ihrem Leben. Suchen Sie sich für die Übungen einen ruhigen Ort, an dem Sie sich wohlfühlen und möglichst ungestört sind. Nennen wir ihn Ihren Ort des Friedens, Ihre sichere Zuflucht. Lesen Sie einfach die Anleitungen zu den Übungen zweimal durch und befolgen Sie sie so gut Sie können.

Ihr Verstand wird garantiert viele Einwände vorbringen und begründen, wieso dies oder jenes unmöglich, viel zu schwierig oder sinnlos ist. Wenn solche Gedanken auftauchen, bedanken Sie sich bei Ihrem Verstand für jeden einzelnen von ihnen. Dann fahren Sie fort. Verzichten Sie darauf, mit Ihrem Verstand zu diskutieren. Verheddern Sie sich nicht in dem Bemühen, sich selbst von irgendetwas zu überzeugen.

Wichtig ist nur, dass Sie offen bleiben. Führen Sie die Übungen durch und schauen Sie, ob diese im Laufe der Zeit ihre Wirkung entfalten. Sie haben wenig zu verlieren und viel zu gewinnen, wenn Sie im Umgang mit Ihrer Angst völlig neue Wege beschreiten. Wir zeigen Ihnen, wie das gehen kann.

Natürlich müssen Sie nicht für den Rest Ihres Lebens mit *allen* Übungen fortfahren. Der Sinn der Übungen besteht darin zu lernen, mit schwierigen Gefühlen und Gedanken so umzugehen, dass Sie ein Leben führen können, das in Einklang steht mit dem, was für Sie zählt. Achten Sie darauf, welche Übungen Ihnen am meisten helfen, und behalten Sie diese bei. Nach und nach werden sie Ihnen in Fleisch und Blut übergehen. Darüber hinaus ist es ratsam, später diejenigen Kapitel noch einmal zu lesen, in denen es um die Themen geht, die weiterhin schwierig für Sie sind.

Denken Sie daran, dass dieses Buch Sie auf einer Reise in Richtung Veränderung, Wachstum und Selbsterkenntnis begleiten will. Um wirklich etwas in Ihrem Leben zu verändern, müssen Sie etwas tun, das neu und anders ist als das, was Sie bisher getan haben. Was Ihnen dieses Buch zu bieten hat, ist die Hoffnung auf ein besseres Leben auch mit Angst. Wenn Sie sich auf das Buch einlassen, werden Sie davon profitieren. Sie werden merken, dass Sie frei werden, Ihr Schicksal selbst in die Hand zu nehmen und ein Leben nach Ihren eigenen Vorstellungen zu führen. Dies sagen uns sowohl unsere Forschungsergebnisse als auch unsere Erfahrung. Also, los gehts!

1
Lebe dein Leben

Wir alle wollen glücklich sein und ein gutes Leben führen. Aber das ist gar nicht so einfach zu erreichen. Früher oder später konfrontiert uns das Leben unweigerlich mit Hindernissen, Problemen und Schmerz. Niemand ist davor gefeit. Das heißt jedoch nicht, dass man unglücklich sein muss. Es heißt nicht, dass man in ständiger Angst leben muss.

Angst kommt und geht, ob wir es wollen oder nicht. Aber es ist möglich, zu leben, ohne von der Angst beherrscht zu werden. Das heißt nicht, dass man Angst und andere schmerzhafte Gefühle für alle Zeit verbannen könnte. Das können weder Sie noch wir. Kein Mensch auf diesem Planeten kann das. Aber diese Gefühle zu *haben* ist etwas anderes, als *unter ihnen zu leiden.*

Gefühle kommen und gehen. Wir haben sie nicht im Griff. Im Griff haben wir aber, wie wir auf unsere Gefühle reagieren. Die Angst muss Sie nicht beherrschen. Es liegt an Ihnen, zu entscheiden, wie viel Macht die Angst über Sie haben soll. Sie können lernen zu fühlen, was auch immer Sie fühlen, und zu denken, was auch immer Sie denken, *und* sich weiter darum bemühen, das Leben zu führen, das Sie führen möchten. Hier liegt der Schlüssel, den Sie brauchen, um Zugang zu Ihrer inneren Kraft zu bekommen, Ihr Leben in die Hand zu nehmen und wahre Zufriedenheit zu finden.

Sie können die Bedingungen schaffen für wahres Glück und inneren Frieden. Sie müssen sich nicht in Ängsten und Sorgen verfangen und nicht untergehen in den Schwierigkeiten, die das Leben mit sich bringt. Der Trick besteht darin, zu lernen, auch dann gut zu leben, wenn das Leben hart und ungemütlich ist. Dies ist der Kern des LEBE-Ansatzes, den Sie in diesem Buch kennenlernen werden. LEBE steht dabei für:

Loslassen. Im Englischen gibt es den schönen Satz „*What you resist, persists*“, also: Wogegen du dich sträubst, das bleibt bestehen. Und es bleibt nicht nur bestehen, sondern vergrößert Ihren Schmerz und Ihr Leid und kostet Sie gleichzeitig Kraft und beschränkt Ihre Freiheit. Aus diesem Teufelskreis kommen Sie erst heraus, wenn Sie aufhören, dagegen anzukämpfen, was in Ihrem Geist und Ihrem Körper geschieht. Auf diese Weise sparen Sie viel Energie und andere Ressourcen und können sie für die Dinge einsetzen, die Ihnen wirklich am Herzen liegen, und ein Leben führen, in dem die Angst keine Macht hat.

Einladen. Es liegt nicht in Ihrer Macht, zu entscheiden, ob Sie Angst haben oder nicht. Aber zu entscheiden, wie Sie mit Ihrer Angst umgehen, das liegt sehr wohl in Ihrer Macht. Anstatt sich gegen die Angst zu wehren, können Sie lernen, ihr mit Offenheit zu begegnen. Sie ist ja sowieso da. Seien Sie neugierig. Lernen Sie, alles, was Sie ausmacht, willkommen zu heißen – all das, was Ihr Geist, Ihr Herz und Ihr Körper hervorbringen. Beobachten Sie Ihr Inneres und heißen Sie es freundlich, mitfühlend und liebevoll willkommen. Treten Sie einen Schritt zurück und lassen Sie zu, was ist. Dann werden Sie auch in schwierigen Zeiten Frieden und Glück finden und Ihr Leben gut leben.

Besinnen auf Werte. Ohne eine klare Richtung kann es leicht passieren, dass wir vom Weg abkommen oder – schlimmer noch – in einer Sackgasse landen. Um gut zu leben, muss man wissen, wofür man lebt. Man braucht Klarheit darüber, was einem wirklich wichtig ist – die eigenen Werte –, und muss dann gute Entscheidungen treffen, die dazu beitragen, dass man der Mensch wird, der man sein möchte, und das Leben führt, das man leben will.

Engagiert handeln. Wie man es auch dreht und wendet, unser Leben wird bestimmt durch unser Tun und Lassen. Damit das, was man sich für sein Leben wünscht, auch wirklich darin vorkommt, muss man sich Dinge vornehmen, die in Einklang mit den eigenen Werten stehen, und diesen Vorsätzen dann Taten folgen lassen. Entscheidend ist, was man sagt, wie man handelt und welche Richtungen man einschlägt. Nur so lassen sich persönliche Werte verwirklichen. Die Dinge, die Sie in diesem Buch erfahren, werden Ihnen helfen, Ihr Tun und Lassen an Ihren Werten auszurichten und mit den Herausforderungen umzugehen, die dabei auftreten können.

Die folgende kurze Übung gibt Ihnen einen kleinen Vorgeschmack auf das, was Sie von dem LEBE-Ansatz erwarten können.

Was es heißt, wirklich zu leben

- Rufen Sie sich einmal eine Situation in Erinnerung, in der Sie im Stau oder in einer Warteschlange standen, es einfach nicht weiterging und Sie womöglich auch noch spät dran waren. Halten Sie sich diese Szene vor Augen und gehen Sie zusammen mit uns die einzelnen LEBE-Schritte durch.
- *Loslassen:* Geben Sie den alten Kampf gegen Ihre Gefühle auf und verzichten Sie auf sinnlose Versuche, das, was in Ihrem Kopf, Ihrem Herzen und Ihrem Körper passiert, in den Griff zu bekommen.
- *Einladen:* Öffnen Sie sich und machen Sie sich die Gedanken und Gefühle bewusst, die aufkommen. Registrieren Sie, was in Ihrem Inneren passiert, wie es da zu brodeln beginnt und welche Bewertungen und Kraftausdrücke in Ihrem Kopf herumspuken. Machen Sie sich die körperlichen Auswirkungen bewusst. Spüren Sie Anspannung, Ärger, Nervosität, Stress, Frust oder gar Angst? Schauen Sie, ob Sie das Geschehen einfach beobachten können – treten Sie innerlich einen Schritt zurück und betrachten es als das, was es ist, mit einer Portion Freundlichkeit. Es gibt nichts zu tun, außer genau da zu sein, wo Sie jetzt gerade sind.
- *Besinnen auf Werte:* Treten Sie innerlich noch einen Schritt zurück, so als könnten Sie sich selbst von außen beobachten, und fragen Sie sich, was Ihnen jetzt gerade wichtig ist, als Mensch in dieser Situation. Schauen Sie, ob Sie damit in Kontakt kommen können, was für Sie zählt, zum Beispiel auch mit dem Grund dafür, dass Sie gerade unterwegs sind. Sie haben ein Ziel, wollen irgendwohin, irgendetwas tun.
- *Engagiert handeln:* Stellen Sie sich vor, Sie tun irgendetwas anderes, als sich darüber aufzuregen, dass Sie nicht vom Fleck kommen und sich verspäten. Was würden Sie tun? Was ist Ihnen als Mensch wichtig? Wie würde das in diesem Moment aussehen? Was auch immer es ist, malen Sie sich aus, durch welche konkreten Verhaltensweisen Sie zum Ausdruck bringen könnten, was Ihnen wichtig ist.

Machen Sie sich keine Sorgen, falls Ihnen diese Übung nicht leichtgefallen ist. Es geht erst einmal darum, zu sehen, wie alltägliche Situationen zu inneren Kämpfen und Leid führen können und wie wir lernen können, loszulassen, uns zu öffnen, mit dem, was uns wichtig ist, in Kontakt zu kommen und danach zu leben. Im weiteren Verlauf des Buches lernen Sie noch viele Dinge, die es Ihnen ermöglichen werden, das LEBE-Prinzip in die Tat umzusetzen und besser mit Ihren Ängsten und anderen Herausforderungen des Lebens umzugehen.

2
Verbindung aufnehmen

Viele Menschen, die unter Ängsten leiden, fühlen sich oft sehr allein. Vielleicht trifft das auch auf Sie zu. Möglicherweise denken Sie, dass niemand nachempfinden kann, wie es ist, sich so zu fühlen wie Sie. Aber die Zahl der Menschen, denen es so geht wie Ihnen, ist sehr groß, und zwar überall auf der Welt. Das wollen wir Ihnen einmal näher vor Augen führen.

In jedem Land, jedem Ort auf diesem Planeten leben zahlreiche Menschen, die an einer Angstproblematik leiden. Es trifft Junge und Alte, Reiche und Arme. Auch gute Bildung oder hohes Ansehen schützen nicht vor Ängsten. Ängste zählen zu den häufigsten seelischen Leiden, die wir kennen. Etwa ein Drittel der Bevölkerung ist irgendwann im Laufe ihres Lebens davon betroffen. Wie viele Millionen Menschen das sind, können Sie sich selbst ausrechnen.

Um sich diese Zahlen zu veranschaulichen, stellen Sie sich vor, dass an einem bestimmten Tag jeder unter Ängsten leidende Mensch etwas Rotes anziehen würde. Es wäre dann so gut wie unmöglich, niemandem zu begegnen, der etwas Rotes trägt. Fragten Sie einen dieser Menschen, wie es ihm geht, würde er vielleicht antworten: „Gut“, aber Sie wüssten es besser. Sie wüssten: Dieser Mensch leidet so, wie Sie leiden. Und dann wäre Ihnen klar, dass Sie nicht allein dastehen.

In diesem Buch aber geht es nicht um irgendwelche Unbekannten oder um Statistiken. Es geht um Sie und Ihre Freiheit und darum, Sie dabei zu unterstützen, sich ganz auf Ihr Leben einzulassen und es zu gestalten. Wir beginnen mit einer Übung, mit der Sie lernen, Ihr inneres Erleben zu beobachten und es als das zu sehen, was es ist. Wir nehmen zunächst den Atem in den Fokus, weil er etwas ist, was immer da ist. Er kann Ihre Zuflucht sein und Sie gleichzeitig zum gegenwärtigen Augenblick zurückführen – dorthin, wo Sie voll und ganz anwesend sein müssen, wenn Sie etwas in Ihrem Leben bewegen wollen. Lesen Sie zunächst die Anleitung mehrmals durch und machen dann die Übung so gut Sie können. Nehmen Sie sich fünf bis zehn Minuten Zeit dafür. Stellen Sie sich einen Wecker, wenn Ihnen das hilft.

Bewusstes Atmen

Legen Sie sich eine Hand auf die Brust und die andere auf den Bauch. Lassen Sie die Augen sanft zufallen und konzentrieren Sie sich darauf, da zu sein, wo Sie jetzt gerade sind.

Richten Sie Ihre Aufmerksamkeit darauf, wie sich Brust und Bauch heben und senken. Atmen Sie durch die Nase und achten Sie dabei auf die Bewegungen Ihrer Hände. Machen Sie sich jedes Einatmen und jedes langsame Ausatmen bewusst.

Betrachten Sie Ihre Erfahrung mit Neugier. Vielleicht achten Sie mal mehr darauf, wie sich Ihre Hände auf Brust und Bauch bewegen, und mal mehr auf die Empfindungen von Kühle und Wärme beim Ein- und Ausatmen durch die Nase. Lassen Sie den Atem einfach fließen und spüren Sie, wie sich das anfühlt. Erlauben Sie sich einfach, ganz da zu sein, hier und jetzt, bei Ihrem Atem.

Wenn Sie von Gedanken oder irgendetwas anderem abgelenkt werden, nehmen Sie dies zur Kenntnis und richten Ihre Aufmerksamkeit dann erneut auf Ihren Atem. Tun Sie dies sanft und so oft wie notwendig.

Beschließen Sie am Ende der Übung, sich im Laufe des Tages immer wieder einmal bewusst auf den Atem zu konzentrieren. Nutzen Sie den Timer Ihres Handys oder eines anderen Gerätes, um sich daran erinnern zu lassen, die Aufmerksamkeit auf den Atem und den gegenwärtigen Augenblick zu richten.

Üben Sie dieses bewusste Atmen so oft wie möglich. Es ist eine sehr hilfreiche Fertigkeit und ein wirksames Gegenmittel gegen das Leid, welches Geist und Körper oft um Furcht und Angst herum entstehen lassen. Jedes Mal, wenn Sie üben, werden Sie besser darin, Ihrem inneren Erleben gegenüber eine beobachtende und bewusste Haltung einzunehmen. Dadurch entsteht der Raum, den Sie brauchen, um nicht aus den Augen zu verlieren, was Ihnen im Leben wirklich wichtig ist.

3
Raum schaffen

Angst und Furcht lassen Sie klein werden und führen dazu, dass Sie sich irgendwo verkriechen – weit weg von dem Leben, das Ihnen eigentlich vorschwebt. Sie selbst schrumpfen zusammen, und das Gleiche passiert mit Ihrem Leben. Dies muss sich ändern, denn das Leben fordert Sie auf, die Flügel auszubreiten, sich zu öffnen und der Mensch zu werden, der Sie sein möchten. Um gegen die natürliche Tendenz anzugehen, sich zu verschließen und zurückzuziehen, wenn die Angst zuschlägt, müssen Sie lernen, sich zu öffnen und Ihr Bewusstsein auszuweiten.

Dabei hilft Ihnen die folgende Übung. Das Ziel ist nicht, das Bewusstsein ständig offen und weit zu halten – das wäre unrealistisch. Vielmehr geht es darum, sich die Möglichkeit zu erarbeiten, einen inneren Raum zu schaffen, um das, was in Ihrem Inneren geschieht, wahrzunehmen und zuzulassen, wann immer dies nötig ist. Dies ist wichtig, wenn Sie Ihr Leben bewusst leben und aktiv gestalten wollen. Es ist auch wichtig, wenn die Angst und andere unangenehme Gedanken und Gefühle Sie in dunkle Gefilde herabziehen – etwa in Grübeleien über Vergangenes oder Sorgen um Zukünftiges.

Sie können bei dieser Übung oder irgendeiner anderen Übung in diesem Buch nichts falsch machen. Nur eines sollten Sie nicht tun: Nutzen Sie sie nicht, um gegen inneres Erleben anzukämpfen. Dieser Kampf führt zu nichts. Nehmen Sie sich stattdessen vor, alles, was sowieso geschieht, bewusst anzunehmen. Öffnen Sie sich für Ihr inneres Erleben. Seien Sie neugierig auf sich selbst und das, was jetzt gerade passiert.

Raum im Inneren schaffen

Suchen Sie sich einen Ort, an dem Sie bequem sitzen können und für fünf bis zehn Minuten ungestört sind. Lesen Sie diese Anleitung mehrmals durch, schließen Sie dann die Augen und beginnen Sie mit der Übung. Wenn es Ihnen lieber ist, können Sie die Augen auch offen lassen. Am besten richten Sie Ihren Blick dann auf eine bestimmte Stelle, z. B. auf den Boden vor Ihnen, damit Sie nicht abgelenkt werden.

- Lassen Sie die Augen locker zufallen. Atmen Sie einige Mal sanft ein und aus und nehmen Sie bewusst wahr, wie sich Ihr Atem anhört und anfühlt.
- Richten Sie Ihre Aufmerksamkeit auf den Ort, an dem Sie gerade sind. Was nehmen Sie in diesem Moment in Ihrer unmittelbaren Umgebung wahr?
- Richten Sie dann Ihre Aufmerksamkeit nach innen. Achten Sie zunächst auf die körperlichen Empfindungen, die Sie spüren können. Machen Sie sich dann die Gedanken bewusst, die Ihnen durch den Kopf gehen, und registrieren Sie, wie sie sich von Augenblick zu Augenblick verändern, kommen und gehen.
- Stellen Sie sich bei jedem Einatmen vor, dass Sie immer mehr Raum für Ihre Gedanken und körperlichen Empfindungen schaffen, mehr Raum dafür, Sie selbst zu sein, in diesem Moment und an diesem Ort.
- Atmen Sie weiter. Dehnen Sie den Raum in Ihrem Inneren immer mehr aus, bis Sie ein Gefühl der Weite in sich spüren können.
- Zum Schluss nehmen Sie die Geräusche aus Ihrer Umgebung mit in Ihre Aufmerksamkeit hinein und öffnen dann langsam wieder die Augen. Fassen Sie den Vorsatz, möglichst vielen Augenblicken, die dieser Tag noch mit sich bringt, mit dieser bewussten Aufmerksamkeit zu begegnen.

Wir empfehlen, diese Übung möglichst täglich durchzuführen. Wählen Sie dafür einen für Sie passenden Ort und eine passende Zeit aus. Dies wird Ihnen helfen, den Dingen, die in Ihrem Inneren auftauchen, Raum zu geben und zu tun, was Ihnen wichtig ist, auch dann, wenn Ihr Geist und Ihr Körper Reaktionen hervorbringen, die sich nicht gut anfühlen.

4
Leben – und wissen wozu

Wir Menschen sind Gewohnheitstiere. Wir verbringen einen großen Teil unserer Zeit auf Autopilot, ohne bewusst zu erleben, was wir gerade tun. Wenn wir nicht dagegen angehen, kann es leicht passieren, dass wir uns wie abgeschnitten und seelenlos fühlen. Angst ist ein Gefühl, das eine solche automatische, reaktive Lebensweise auslösen kann. Wenn wir nicht aufpassen, wird sie zum Tyrannen, der uns irgendwohin treibt, wo wir eigentlich nicht sein wollen. Aber dazu gibt es eine Alternative.

Es gibt einen Raum zwischen Ihnen und der Angst, in dem Sie eine andere Wahl treffen können. In diesem Raum können Sie lernen, bewusster zu leben, weniger automatisch. Nutzen Sie die Möglichkeit, Ihrem Herzen zu folgen. Dazu müssen Sie sich darüber klar werden, worauf es Ihnen ankommt. Sie müssen wissen, was für eine Art von Leben Sie führen wollen. Erst dann ist es möglich, sich innerlich auf Ziele und Handlungen festzulegen, in denen Ihre persönlichen Vorstellungen von einem guten Leben zum Tragen kommen. Kurz gesagt: Wo Absichten voranschreiten, werden Aufmerksamkeit und Energie folgen.

Lassen Sie uns diesen Gedanken etwas vertiefen. Welche neuen Wege würden Sie gerne einschlagen? Wie könnte Ihr Leben aussehen, wenn Sie die Chancen, die Sie haben, auch nutzen? Das sind die Fragen, um die es in der folgenden kurzen Übung geht.

Ihre Herzensangelegenheiten

- Suchen Sie sich eine Stelle, an der Sie für fünf bis zehn Minuten in bequemer Haltung sitzen können. Es kann hilfreich sein, ein Stück Papier und einen Stift zur Hand zu haben.

- Schließen Sie die Augen und nehmen Sie sich einen Moment Zeit, sich zu konzentrieren. Mit jedem Atemzug lassen Sie Ihre Aufmerksamkeit tiefer in den Raum um Ihr Herz herum einsinken. Dies ist eine Stelle großer Weisheit – sie weiß, was richtig ist für Sie.
- Während Sie sich auf Ihr Herz ausrichten, stellen Sie sich folgende Fragen: Warum sind Sie hier und lesen dieses Buch? Was für eine Art von Mensch möchten Sie sein? Was schwebt Ihnen vor für Ihr weiteres Leben? Gehen Sie in Kontakt mit Ihrer Vorstellung von einem gut gelebten Leben.
- Bleiben Sie dann still sitzen und hören, welche Antworten Ihr Herz gibt. Sie werden kommen, eine nach der anderen. Vielleicht ist es nur ein Flüstern, vielleicht nur ein Wort oder zwei. Was auch immer es ist, gehen Sie in Verbindung mit Ihrem inneren Wissen über sich selbst und darüber, worauf es für Sie in diesem Leben wirklich ankommt.
- Wenn Sie fertig sind, öffnen Sie langsam die Augen. Dies sind Ihre Herzensangelegenheiten – das, worum es für Sie im Leben geht. Wenn Sie möchten, schreiben Sie Ihre Antworten auf.
- Bevor Sie diese Übung beenden, gehen Sie Ihre Herzensangelegenheiten noch einmal durch. Machen Sie sie sich so deutlich bewusst wie nur möglich, und wenn Sie sie aufgeschrieben haben, lesen Sie sie noch einmal sorgfältig durch. Falls Ihnen noch weitere Dinge einfallen, die Sie in Ihrem Leben anstreben möchten, fügen Sie sie hinzu. Und dann geben Sie sich selbst das Versprechen, Ihre Herzensangelegenheiten dadurch in Ehren zu halten, dass Sie die Übungen aus diesem Buch durchführen, auch wenn dies nicht immer leicht ist.
- Wenn Sie Ihre Herzensangelegenheiten aufgeschrieben haben, können Sie diese Übung damit beenden, dass Sie die Liste mit Ihrem Namen unterschreiben. Somit legen Sie sich darauf fest, ihnen in Ihrem Leben Geltung zu verschaffen. Halten Sie die Liste bei Ihrer Arbeit mit dem Buch immer griffbereit.

Veränderungen können gleichzeitig Angst machen und befreien. Sie sind stets mit einem gewissen Risiko verbunden. Das Risiko aber, das damit einhergeht, einfach so weiterzumachen wie bisher, sollte Sie noch mehr in Angst versetzen, denn dadurch sind Sie ja erst hingekommen, wo Sie jetzt stehen. Damit etwas anders werden kann, müssen Sie etwas anders machen. So einfach ist das. Und es fängt damit an, dass Sie sich selbst versprechen, Dinge anders anzugehen und sich mehr von Ihren Herzensangelegenheiten leiten zu lassen. Wenn Sie anfangen, Ihr Leben und Ihre Angst mit anderen Augen zu betrachten, haben Sie viel zu gewinnen und wenig zu verlieren.

5 Die Angst aus der Schublade holen

Angst und Furcht sind Gefühle, die zwar unangenehm sind, aber gesund und nützlich sein können. Sie können uns zum Handeln antreiben. Sie sind dazu da, unser Überleben zu sichern und uns von Gefahren fernzuhalten.

Angst und Furcht können sehr unterschiedliche Formen annehmen. Vielleicht erleben Sie intensive Zustände der Panik, die mit starken körperlichen Reaktionen (wie Herzklopfen), massiven Angstgefühlen und Gedanken an eine bevorstehende Katastrophe einhergehen. Solche Panikattacken treten entweder aus heiterem Himmel auf oder werden durch äußere Bedingungen ausgelöst (wie beispielsweise bestimmte zwischenmenschliche Situationen, überfüllte Einkaufsläden, einen Flug oder einen Aufenthalt in großer Höhe).

Möglicherweise werden Sie von Erinnerungen an traumatische Erlebnisse verfolgt, denen Sie ausgesetzt waren. Oder Sie sind gefangen in einem Teufelskreis aus aufdringlichen Zwangsgedanken und bestimmten ritualisierten Handlungen wie Kontrollieren, Zählen oder Händewaschen, die Ihnen höchstens vorübergehend Erleichterung verschaffen. Vielleicht machen Sie sich auch ständig Sorgen über alle möglichen Dinge (Vergangenheit, Zukunft, Alltagsprobleme), ohne eine Lösung zu finden.

Vielleicht trifft manches davon auf Sie zu. Möglicherweise denken Sie, dass Sie eine Angststörung haben. Zu diesem Thema möchten wir an dieser Stelle ein paar Worte sagen.

Angst und Furcht sind Gefühle, keine Störungen. Jedes menschliche Wesen auf diesem Planeten erlebt diese Gefühle mehr oder weniger häufig in seinem Leben. Manche Menschen fühlen sich dadurch zwar belastet, dies allein macht aber noch keine Störung aus. Die Medizin und die Psychiatrie benutzen bestimmte Begriffe, um verschiedene Formen menschlichen Leidens zu beschreiben, aber diese sind letztlich nur Schubladen. Menschliches Leid selbst ist keine Störung.

Diagnostische Begriffe sind auch nur Wörter. Klammern Sie sich nicht daran und identifizieren Sie sich nicht mit ihnen. Lassen Sie sie los, sie schränken Sie nur ein. Richten Sie Ihren Fokus besser auf Dinge, die Ihr Leben auf gesunde Weise bereichern.

Es ist nicht wichtig, ob die Merkmale einer oder mehrerer Angststörungen auf Sie zutreffen oder ob Sie noch unter anderen schwierigen Gefühlen wie Niedergeschlagenheit oder Ärger leiden, wenn es darum geht, ob Sie etwas an Ihrem Umgang mit der Angst verändern wollen.

Entscheidend ist vielmehr Ihre Antwort auf eine grundlegende Frage: Stellt die Angst ein schwerwiegendes Problem in Ihrem Leben dar? Lautet die Antwort Ja, sind Sie zunächst einmal in sehr guter Gesellschaft. Der nächste wichtige Schritt besteht dann darin, herauszufinden, wie die Angst zu einem solchen Problem werden konnte.

Die meisten Menschen betrachten die Angst selbst als den Übeltäter. Manche sehen ein Problem in der Tatsache, dass sie überhaupt Angst haben. Andere sagen, sie hätten einfach zu viel davon, und wieder andere stellen heraus, wie intensiv und unangenehm die Angst ist. Wir wissen, dass starke Angstgefühle sehr unangenehm sein können und einen manchmal geradezu überwältigen. Aber überlegen Sie einmal: Ist das wirklich die Wurzel des Übels? Beschäftigen wir uns einen Moment mit der Frage, wieso die Angst ein Problem für Sie darstellt.

Was ist das Problem?

Suchen Sie sich einen Platz, an dem Sie ungestört nachdenken können. Nehmen Sie sich dann einen Moment Zeit für die folgenden Fragen. Beantworten Sie sie so offen und ehrlich wie möglich. Wenn Sie möchten, notieren Sie Ihre Antworten auf einem Blatt Papier.

Denken Sie an Ihre Angst und fragen Sie sich:

- Wogegen kämpfe ich an? Oder: Welche Aspekte meines Problems mit der Angst belasten und behindern mich am meisten?

Wenn Sie die Antwort haben, stellen Sie sich als Nächstes die folgende Frage:

- Wie genau wird die Angst zu einem Problem in meinem Leben?

Die Antworten auf diese Fragen sind der Schlüssel für Veränderungen, die es Ihnen ermöglichen, in Ihrem Leben Dinge zu tun, die Ihnen wirklich wichtig sind. Im nächsten Kapitel werden wir noch näher auf Ihren Kampf mit der Angst eingehen sowie auf die Folgen, die damit für Sie und Ihr Leben verbunden sind. Dieser Schritt ist notwendig, um die eingefahrenen Wege zu verlassen und neue Richtungen einzuschlagen.

6
Die Kosten in den Blick nehmen

Tief in Ihrem Inneren wissen Sie längst, dass all Ihre Bemühungen, die Angst unter Kontrolle zu bekommen, nicht so funktionieren, wie Sie das gehofft haben. Schlimmer noch: Für Ihren Kampf gegen die Angst zahlen Sie einen hohen Preis. Vielleicht leiden Sie unter Beziehungsschwierigkeiten, gesundheitlichen Problemen, Stress, Schwierigkeiten in der Ausbildung oder am Arbeitsplatz, einer schlechten Konzentration oder unter Problemen aufgrund von Alkohol oder anderen Substanzen. Oder – etwas allgemeiner gesagt – Sie fühlen sich unfrei, haben den Eindruck, auf der Stelle zu treten, weil Ihnen die Angst im Wege steht.

Jetzt – genau in diesem Augenblick – ist es an der Zeit, Bilanz zu ziehen und sich klarzumachen, wo Sie stehen und wie es weitergehen soll. Es ist an der Zeit, sich vor Augen zu führen, welchen Preis Sie für den Kampf gegen die Angst zahlen. Es ist an der Zeit, anzufangen zu leben – endlich.

Die folgende Übung wird Ihnen helfen, mehr Klarheit darüber zu gewinnen, welchen Preis Sie jedes Mal zahlen, wenn Sie gegen Ihre Angst ankämpfen. Überlegen Sie einmal für jeden der aufgeführten Bereiche, welche Auswirkungen Ihr Kampf gegen die Angst auf Ihr Leben hat. Seien Sie ehrlich zu sich selbst und werden Sie konkret. Was entgeht Ihnen alles? Wozu sind Sie wegen dieses Kampfes nicht in der Lage? Wenn Sie mögen, schreiben Sie für jeden Bereich ein paar Dinge auf, die Ihnen einfallen.

Bilanz ziehen

1. *Zwischenmenschliche Kosten.* Welche Auswirkungen hat Ihr Kampf gegen die Angst auf Ihre zwischenmenschlichen Kontakte und Beziehungen? Leiden Freundschaften darunter? Haben Sie wegen

Ihrer Ängste Schwierigkeiten in Ehe, Partnerschaft oder Familie? Fühlen Sie sich isoliert und einsam?

2. *Berufliche Kosten.* Welche Auswirkungen hat Ihr Kampf gegen die Angst auf Ihre Berufstätigkeit? Haben Sie aufgrund von Versuchen, Ihre Angst in den Griff zu bekommen, beispielsweise schon einmal eine Stelle verloren? Führen Versuche, gegen die Angst anzukämpfen, zu Leistungseinbußen und sind Sie deswegen schon mal von Vorgesetzten oder Kollegen kritisiert worden? Sind Sie aufgrund von Angstproblemen arbeitslos, behindert oder auf soziale Unterstützung angewiesen?
3. *Gesundheitliche Kosten.* Welche Auswirkungen haben Ihre Bemühungen, Ihre Angst loszuwerden, auf Ihre Gesundheit? Sind Sie oft krank? Haben Sie Schwierigkeiten beim Ein- und Durchschlafen? Grübeln Sie so sehr über Ängste und Sorgen, dass Sie sich körperlich schlecht fühlen? Vermeiden Sie Bewegung, weil dadurch Ängste ausgelöst werden könnten? Verbringen Sie wegen Ihrer Ängste viel Zeit in Arztpraxen oder Notaufnahmen?
4. *Energetische Kosten.* Welche Auswirkungen haben Ihre Bemühungen, die Angst unter Kontrolle zu bekommen, auf Ihr Energielevel? Fließt ein großer Teil Ihrer geistigen Energie in Sorgen, Stress, Ärger, Kontrollhandlungen oder negatives Denken? Führt dieser ständige Kampf dazu, dass Sie sich ausgelaugt, entmutigt, erschöpft, frustriert oder verbraucht fühlen?
5. *Emotionale Kosten.* Verursacht Ihr Bemühen, Ihre Ängste in den Griff zu bekommen, gefühlsmäßige Kosten? Gibt es Reue- oder Schuldgefühle wegen Dingen, die Sie aufgrund Ihres Kampfes gegen die Angst getan oder nicht getan haben, Scham oder das Gefühl, dass mit Ihnen irgendetwas nicht stimmt? Fühlen Sie sich niedergeschlagen, deprimiert, reizbar?
6. *Finanzielle Kosten.* Wie viel Geld geben Sie dafür aus, Ihre Ängste unter Kontrolle zu bekommen? Wie hoch sind die Kosten für Psychotherapie, Medikamente, Arztbesuche, Ratgeber, Hörbücher oder Videos und Seminare? Was entgeht Ihnen an Einkommen und was kosten Sie verpasste Unternehmungen (z.B. nicht genutzte Eintrittskarten)?
7. *Einschränkungen der Freiheit.* Welche Auswirkungen haben Ihre Bemühungen, Ihre Ängste und Sorgen in den Griff zu bekommen, auf

Ihre Bewegungsfreiheit? Können Sie einkaufen, Auto fahren, Bahnen und Busse benutzen, fliegen oder in Ihrer Umgebung, im Park, in einem Einkaufszentrum oder im Wald spazieren gehen? Organisieren Sie Ihren ganzen Tagesablauf um die Vermeidung von Angst oder Panik herum?

Diese Fragen ehrlich zu beantworten, ist ein entscheidender erster Schritt in eine neue Richtung. Es ist wichtig, dass Sie sich vor Augen führen, wie gravierend die tatsächlichen Auswirkungen Ihres Kampfes gegen die Angst sind – und dass Sie auch die damit verbundenen Gefühle zulassen. Es braucht allerdings auch eine Portion Mut, sich mit diesen Kosten zu konfrontieren.

Vielen Leuten, die diese Übung machen, verhilft sie zu einer sehr wichtigen Erkenntnis. Ihnen wird – vielleicht zum ersten Mal – bewusst, dass all die Mühe, die sie darauf verwendet haben, ihre Ängste in den Griff zu bekommen, letztlich zu nichts geführt hat. Gleichzeitig wird ihnen klar, welchen Schaden der Kampf gegen die Angst angerichtet hat und dies immer noch tut.

Das ist jedoch kein Grund zum Verzweifeln. Der Sinn dieser Übung liegt nicht darin, dass Sie sich schlecht fühlen oder sich Vorwürfe machen. Vielmehr soll sie Sie stark dafür machen, an diesem Punkt eine neue Richtung einzuschlagen. Ihre Vergangenheit können Sie nicht mehr ändern. Aber Ihre Zukunft können Sie gestalten.

7
Die Angstfalle

Wahrscheinlich haben Sie dieses Buch in der Hoffnung zu lesen begonnen, Wege zu finden, um Ihre Ängste besser in den Griff zu bekommen und dadurch so leben zu können, wie es Ihnen vorschwebt. Das ist nachvollziehbar, solange Sie wie viele andere Ihre Angst als Problem ansehen. Aber was wäre, wenn gerade das das Problem ist? Wir möchten erreichen, dass Sie diese Möglichkeit ernsthaft in Betracht ziehen, so paradox sie auch erscheinen mag.

Sie müssen uns nicht einfach glauben. Betrachten Sie noch einmal all die Kosten Ihrer Anstrengungen, gegen die Angst anzukämpfen, mit denen Sie sich im vorherigen Kapitel befasst haben. Fragen Sie sich, was alles in allem einen höheren Preis gefordert hat – die Angst selbst oder Ihre verzweifelten Bemühungen, sie loszuwerden.

Sowohl die Forschung als auch jahrelange Erfahrung lehren uns, dass der Kampf gegen die Angst eine Falle ist, eine, in die man tappt, wenn man sich aktiv gegen das eigene innere Erleben sträubt und wehrt. Es geht uns nicht darum, dass Sie sich jetzt Vorwürfe machen, weil Sie versucht haben, Ihre Ängste unter Kontrolle zu bekommen. Das Bemühen um Kontrolle ist erst einmal eine ganz natürliche Reaktion auf Schmerzhaftes und Schwieriges. Trotzdem sollte man sich fragen: „Funktioniert es denn auch?“ Oder noch deutlicher: „Schafft das Ankämpfen gegen die Angst womöglich mehr Probleme, als dass es sie löst?“

Die folgende Übung soll Ihnen helfen herauszufinden, ob dies so ist.

Funktioniert das Ankämpfen gegen die Angst?

Denken Sie einmal an all die Dinge, die Sie schon probiert haben, um Ihre Ängste in den Griff zu bekommen oder loszuwerden – all die verschiedenen Strategien und Methoden, die Sie eingesetzt haben. Erstellen Sie, wenn Sie möchten, eine Liste auf einem Blatt Papier oder in Ihrem Tagebuch. Beantworten Sie im Anschluss die folgenden drei Fragen jeweils mit Ja oder Nein.

1. Funktionieren meine Strategien gegen die Angst? Bin ich durch sie tatsächlich weniger ängstlich und insgesamt glücklicher geworden? Fragen Sie sich vor allem, ob das, was Sie gegen die Angst unternehmen, auf die Dauer erfolgreich ist.
2. Bringt mein Kampf gegen die Angst mich in die Richtung voran, die ich in meinem Leben einschlagen möchte?
3. Zahle ich für meine Bewältigungsstrategien einen Preis im Sinne von vertaner Zeit, verpassten Gelegenheiten oder Reuegefühlen? Hindern mich diese Strategien womöglich daran, Dinge zu tun, die ich eigentlich tun will, die mir am Herzen liegen? Wenn Ihnen die Antwort schwerfällt, gehen Sie noch einmal zu den Kosten zurück, die Sie in Kapitel 6 aufgeführt haben.

Viele Leute beantworten die ersten beiden Fragen mit einem Nein und die dritte mit einem großen Ja. Das wundert uns nicht. Wir kennen keine gesunde Möglichkeit, Angst und Furcht loszuwerden, die nicht mit erheblichen Kosten verbunden wäre. Ihr Bauchgefühl sagt Ihnen möglicherweise dasselbe. Es hat recht!

Der Weg in die Freiheit besteht darin, aufzuhören, die Angst unter Kontrolle bekommen zu wollen, da dies nur Zeit, Energie und andere Ressourcen auffrisst und Sie daran hindert zu tun, was Sie eigentlich tun möchten. Sie befinden sich bereits auf diesem Weg. Aber nur Sie selbst können den Entschluss treffen, nicht mehr gegen die Angst anzukämpfen. Wir hoffen, dass Sie sich jetzt dafür entscheiden, falls Sie das noch nicht getan haben.

8
Loslassen

Wenn Sie Angst als Problem ansehen, brauchen Sie eine Lösung. Aber was ist, wenn die Lösungen, die Sie ausprobieren, alles nur noch schlimmer machen? Lassen Sie diese Möglichkeit einen Moment lang auf sich wirken.

In den vorausgegangenen Kapiteln sind Sie womöglich zu der Erkenntnis gekommen, dass all Ihre Bemühungen, die Angst loszuwerden, zu keiner Lösung geführt haben. Für die vermeintlichen Lösungen – all die Versuche, den Wellen der Angst Einhalt zu gebieten – haben Sie einen hohen Preis bezahlt.

Die folgende Metapher soll Ihnen plastisch vor Augen führen, welche hohen Kosten und Anstrengungen mit dem Kampf gegen die Angst verbunden sein können. Sie zeigt Ihnen auch eine verblüffende Möglichkeit, den Kampf zu beenden und sich wieder auf Ihr Leben zu konzentrieren.

Höchste Zeit, das Seil loszulassen

Es ist, als ob Sie sich in einem Tauziehen gegen eine ganze Mannschaft von Angstmonstern befänden. Mit beiden Händen umklammern Sie das Seil, die Füße haben Sie fest in den Boden gestemmt. Es geht vor und zurück. Aber wie kräftig Sie auch an dem Seil ziehen, um die Gegner zu bezwingen, diese sind einfach stärker und ziehen noch fester.

Die Anstrengung macht sich immer stärker bemerkbar – Ihre Brust zieht sich zusammen, Ihr Atem wird flach, Ihre Zähne beißen aufeinander, Röte steigt Ihnen ins Gesicht, auf Ihrer Stirn bilden sich Schweißperlen, und Ihre Hände packen so fest zu, dass Ihre Knöchel ganz weiß werden. Sie sind gefangen in einem nicht enden wollenden und kräftezehrenden Kampf um Ihr Leben – jedenfalls kommt es Ihnen so vor.

Viele Möglichkeiten scheinen Sie nicht zu haben. Ihr Verstand treibt Sie an, sich noch mehr anzustrengen und fester zu ziehen. Vielleicht gibt es ja ein besseres Medikament oder eine andere Bewältigungsstrategie, mit deren Hilfe Sie das Tauziehen doch noch gewinnen können. Aber wäre das nicht mehr desgleichen – alter Wein in neuen Schläuchen?

Es gibt eine Alternative: Sie müssen diesen Kampf gar nicht gewinnen. Stellen Sie sich vor, Sie hätten sich entschieden aufzugeben und das Seil losgelassen. Was nun? Überlegen Sie mal.

Was ist mit Ihren Händen und Füßen? Sie sind frei, stimmts? Und auch innerlich sind Sie wieder frei und verfügen über Möglichkeiten, an die während des Tauziehens gar nicht zu denken war. Jetzt können Sie Ihren Verstand, Ihre Hände und Ihre Füße für etwas anderes nutzen als für den Kampf gegen die Angst.

Um eine Vorstellung davon zu bekommen, welche Auswirkungen es auf Ihr Leben haben könnte, wenn Sie das Seil losließen, stellen Sie sich einmal vor, dass eine Sache oder eine Person, die Ihnen viel bedeutet, von der Seitenlinie aus dem Tauziehen zuschaut und auf das Ende des Wettkampfes wartet. Es könnte Ihr Kind sein, das sich nach einer Umarmung sehnt, oder ein Freund, der gerne Zeit mit Ihnen verbringen würde. Vielleicht ist es auch ein Projekt, ein Urlaub oder etwas spirituell Erfüllendes. Schauen Sie, ob Sie sich diese wichtige Sache in Ihrem Leben vorstellen können, wie sie da an der Seitenlinie steht und wartet und wartet – darauf, dass Sie endlich mit dem Tauziehen fertig werden. Wollen Sie trotzdem weitermachen? Oder sind Sie bereit, das Seil loszulassen und sich den Menschen oder den Dingen zu widmen, die da auf Sie warten?

Überlegen Sie, was passiert, wenn Sie das Seil loslassen. Die Angstmonster sind nicht einfach verschwunden, nur weil Sie das Tauziehen beendet haben. Sie sind immer noch da und versuchen, Sie dazu zu bringen, wieder nach dem Seil zu greifen, damit die nächste Runde beginnen kann. Natürlich könnten Sie das tun – und werden es auch manchmal tun, schon aus reiner Gewohnheit.

Das Wichtigste ist, zu merken, wenn Sie nach dem Seil gegriffen haben, und dann die Wahl zu treffen, es wieder loszulassen. Dies zu tun gibt Ihnen Raum und Energie, sich um das zu kümmern, was Ihnen am Herzen liegt – wichtige Dinge in Ihrem Leben, die an der Seitenlinie auf Sie warten.

Das Seil loszulassen und den Kampf zu beenden, gibt Ihnen die Möglichkeit, mit Ihrem Leben etwas anderes anzufangen. Wenn Sie nicht all Ihre Zeit und Energie darauf verwenden, die Angst unter Kontrolle zu bekommen, die nächste Panikattacke zu vermeiden, schmerzhafte Erinnerungen aus dem Bewusstsein zu halten oder störende Gedanken oder Sorgen wegzuschieben, dann eröffnen sich Ihnen ganz neue Gelegenheiten. Es entsteht Raum, den Sie dafür nutzen können, endlich das Leben zu führen, das Ihnen vorschwebt. Einer unserer Klienten beschrieb diesen Moment sehr treffend mit den Worten: „Wenn ich das Seil loslasse, bin ich frei."

9
Den Schalter umlegen

Wieso scheuen so viele Menschen davor zurück, das Seil loszulassen? Wieso kämpfen wir immer weiter gegen die Angst an, obwohl der Erfolg ausbleibt und wir einen hohen Preis für diesen Kampf bezahlen? Die Antwort hat mit Kontrolle zu tun und damit, was wir im Laufe unseres Lebens darüber gelernt haben.

Schon von Kindesbeinen an machen wir die Erfahrung, dass das Ausüben von Kontrolle – also etwas zu tun, um Dinge in unserem Sinne zu beeinflussen und Schwierigkeiten in den Griff zu bekommen – in der Welt um uns herum recht gut funktioniert. Nur wenn wir in diesem Sinne Kontrolle ausüben, haben wir saubere Wäsche im Schrank. Das Kontrollprinzip wenden wir an, wenn wir den Müll herausbringen, Auto fahren, einem Freund eine Nachricht schicken. Kontrolle sorgt für unsere Sicherheit und unser Überleben und hat auf alle Fälle unsere Vorfahren davor bewahrt, von Löwen, Tigern und Bären gefressen zu werden. Bei Gefahr für Leib und Leben ist es höchst sinnvoll, etwas zu unternehmen, um die Situation unter Kontrolle zu bekommen.

Weil es in der Welt um uns herum so gut funktioniert, versuchen wir, das Kontrollprinzip auch auf unser Inneres anzuwenden. Da allerdings, wo es um unsere Gefühle und Gedanken geht, funktioniert dieses Prinzip nicht besonders gut.

Woran liegt das? Mit dieser Frage beschäftigt sich die folgende Übung.

Das Problem mit der Kontrolle

Nehmen Sie zunächst eine bequeme Haltung ein. Wenn Sie bereit sind, tun Sie Folgendes: Fühlen Sie sich so glücklich wie irgend möglich. Legen Sie los, versuchen Sie es jetzt! Geben Sie sich Mühe dabei. Aber mogeln Sie nicht, indem Sie sich etwas ins Gedächtnis rufen, was Sie glücklich macht. Das ist nicht die Aufgabe. Sie sollen den Glücksschalter umlegen und glücklich sein – einfach so. Bekommen Sie das hin?

Und jetzt versuchen Sie, Angst zu bekommen. Werden Sie so richtig ängstlich, aber ohne dazu an etwas Bedrohliches oder Schmerzhaftes zu denken. Geben Sie sich Mühe! Legen Sie den Angstschalter um. Gelingt es Ihnen?

Wenn Sie noch nicht von der Unmöglichkeit überzeugt sind, willentlich Gefühle hervorzurufen, versuchen Sie einmal, einer der folgenden Aufforderungen nachzukommen.

- Verlieben Sie sich unsterblich in den nächsten Menschen, dem Sie begegnen.
- Lassen Sie durch Willenskraft Ihr linkes Bein so gefühllos werden, dass man dort mit einer Nadel hineinstechen könnte, ohne dass Sie etwas spüren würden.
- Denken Sie an etwas, das Ihnen letzte Woche passiert ist, und löschen Sie die Erinnerung daran aus Ihrem Gedächtnis, sodass Sie hundertprozentig sicher sind, dass sie für alle Zeit daraus verschwunden ist.
- Hören Sie auf, zu sehen, zu hören und zu riechen – und zwar ohne sich Augen, Ohren oder Nase zuzuhalten.

Wir hoffen, dass diese kurze Übung Ihnen zu der Erkenntnis verholfen hat, dass Gefühle und viele von den Vorgängen in unserem Geist und unserem Körper keinen Ein- und Ausschalter haben. Niemand verfügt über einen solchen Schalter. Es ist so gut wie unmöglich, ein bestimmtes Gefühl zu haben oder nicht zu haben, nur weil man es so will.

Gefühle tauchen einfach auf – sie sind Teil Ihrer Vergangenheit, die durch den Umgang mit Menschen und Dingen aus Ihrer Umgebung wieder heraufbeschworen wird. Wenn Sie versuchen, Ihre Angst auszuschalten, aktivieren Sie damit Ihr Nervensystem und verstärken die Angst noch. Außerdem tun Sie Dinge, die Sie in eine Sackgasse führen und unglücklich werden lassen. Gerade die Gefühle und Gedanken, die Sie nicht haben wollen, machen sich dann immer mehr breit.

10 Das Gegenteil tun

Angst und Panik sind unangenehme und intensive Gefühle, manchmal geradezu erdrückend, aber sie sind nicht der eigentliche Feind. Der eigentliche Feind ist die Vermeidung.

Die Vermeidung von Angst und Furcht lässt diese größer werden – und alles andere im Leben zusammenschrumpfen. Vermeidung ist toxisch. Sie ist das Gift, das normale Ängste in ernsthafte Lebensprobleme verwandelt. Wie die Forschung ziemlich eindeutig zeigt, hat es sehr negative Auswirkungen auf Sie und Ihr Leben, wenn Sie alles darauf anlegen, unangenehmen Gefühlen wie Angst aus dem Weg zu gehen – so nachvollziehbar das auch sein mag.

Schädliche Vermeidung kann viele Formen annehmen. Beispielsweise kann man versuchen, Menschen, Orten, Aktivitäten oder Situationen auszuweichen, die ängstliche Gedanken und Gefühle auslösen. Manche Menschen konsumieren Alkohol oder Drogen, um sich zu betäuben, zu vergessen oder die Wirkung unangenehmer und unerwünschter Gedanken, Gefühle und Situationen abzuschwächen. Andere ergreifen jedes Mal die Flucht, sobald Ängste oder irgendwelche anderen schmerzhaften Gefühle aufkommen.

Alles daranzusetzen, keine Angst zu haben, kann sehr drastische Folgen haben. Ihr ganzes Leben dreht sich möglicherweise irgendwann um nichts anderes. Sie tun immer weniger von dem, was Sie tun wollen, machen sich nicht mehr auf in die Richtung, in die Sie eigentlich gehen wollen. Es ist einfach nicht möglich, ein vitales Leben zu führen und gleichzeitig emotionalen Schmerz daraus zu verbannen. Niemand schafft es, sich auf Dinge zuzubewegen, die ein gutes Leben ausmachen, und gleichzeitig das Risiko auszuschalten, dabei auf Schwierigkeiten zu stoßen und schmerzhafte Erfahrungen zu machen. Was ergibt sich daraus? Was können Sie tun?

Tun Sie das Gegenteil! Anstatt zu fliehen, zu kämpfen und zu vermeiden, entscheiden Sie sich dafür, sich dem zu stellen, was in Ihnen vorgeht. Wenn alte Gewohnheiten Sie dazu drängen, sich abzuwenden, suchen Sie die Konfrontation. Wenn Sie den Drang verspüren, sich zu verschließen, öffnen Sie sich. Sie können dies als eine Übung betrachten, bei sich selbst zu bleiben.

Der Vorschlag, das Gegenteil zu tun, mag Ihnen zunächst etwas befremdlich erscheinen. Umso wichtiger ist es, zu verstehen, wozu das gut sein soll. Es geht nicht darum, dass Sie in Schmerz und Angst versinken und diese Gefühle einfach aushalten. Es geht darum, in die Lage zu kommen, Ihr Leben nach Ihren persönlichen Vorstellungen zu gestalten. Und das geht nur, wenn Sie die Angst zulassen und bei sich bleiben können. Solange Sie all dem, was schwierig, belastend und beängstigend ist, ausweichen, ist es unmöglich, das Leben zu führen, das Ihnen vorschwebt. Deshalb sollten Sie sich mit dem Thema Vermeidung auseinandersetzen. Die folgende Übung hilft Ihnen bei den ersten Schritten.

Lebensbejahende Entscheidungen treffen

In dieser Übung möchten wir Sie dabei unterstützen, lebensbejahende Alternativen zu toxischen Vermeidungstendenzen zu finden. Teilen Sie ein Blatt Papier in zwei Spalten ein. Über die linke Spalte schreiben Sie „toxische Vermeidung", über die rechte „das Gegenteil tun".

- In der Spalte „toxische Vermeidung" führen Sie alles auf, was Sie tun, um keine Angst zu haben – jede Handlung, Ablenkung und Bewältigungsstrategie. Seien Sie möglichst genau, schreiben Sie z. B.: „Ich bleibe in meinem Büro, damit ich meinem Chef nicht über den Weg laufe, weil ich Angst habe, er könnte etwas an meiner Arbeit auszusetzen haben."
- Gehen Sie dann in die rechte Spalte und schreiben Sie für jede Vermeidungsstrategie auf, worin das Gegenteil bestehen würde. Schreiben Sie zum Beispiel: „Ich versuche nicht mehr, meinem Chef aus dem Weg zu gehen. Falls ich ihm auf dem Gang begegne, sage ich einfach Hallo und gehe weiter."

Das nächste Mal, wenn sich in Ihrem Inneren die toxische Stimme der Vermeidung zu Wort meldet, denken Sie: „Tu das Gegenteil!“ Wenn die Stimme Sie auffordert, sich klein zu machen, denken Sie daran, groß zu werden, und tun Sie etwas Lebensbejahendes. Das muss nichts Großartiges sein, Sie brauchen sich nicht zu überfordern. Sie werden feststellen, dass lebensbejahende Alternativen zur Vermeidung oft das genaue Gegenteil von dem sind, was Ihr Verstand Ihnen zunächst empfohlen hat.

11 Den Sprung wagen

Alle unsere Entscheidungen und Handlungen sind mit einem gewissen Risiko verbunden. Es ist einfach unmöglich, die Zukunft vorherzusehen und zu wissen, was auf einen zukommt. Viele Menschen stecken fest, weil sie nicht bereit sind, etwas zu riskieren. Sie bleiben lieber beim Alten und Vertrauten, selbst wenn es sie anödet. Um aus diesem Trott herauszukommen, müssen wir bereit sein, den Schritt ins Ungewisse zu wagen. Nur so ist Wachstum möglich.

Für diese Bereitschaft benötigen wir ein gewisses Maß an Vertrauen. Es ist, als würden wir von einem Sprungbrett ins Schwimmbecken springen, ohne genau zu wissen, wie sich das anfühlen wird und ob das Wasser warm oder kalt ist. Das ist etwas ganz anderes, als langsam in das Becken hinabzusteigen und vorsichtig auszuprobieren, ob das Wasser beispielsweise zu heiß, zu kalt oder zu schmutzig ist. Ein solcher langsamer Einstieg setzt keine Bereitschaft voraus. Er vollzieht sich allmählich und ist an Bedingungen geknüpft, d.h. man macht seine Entscheidungen davon abhängig, wie man sich fühlt oder was man denkt.

Bereitschaft als Sprung ins Ungewisse bedeutet, einen Schritt nach vorn zu tun und offen für alle körperlichen und geistigen Reaktionen zu sein, ohne genau zu wissen, was von einem Augenblick zum nächsten passieren wird. Anstatt Angst und andere unangenehme Gefühle und Gedanken mit allen Mitteln zu bekämpfen, begegnen wir unserem Inneren mit weit geöffneten Armen. Wenn Sie dazu bereit sind, tun Sie das jetzt einmal.

Mit weit geöffneten Armen

Stellen Sie sich einmal hin (im Sitzen geht es aber auch), öffnen Sie die Arme so weit wie möglich und verharren Sie eine Weile in dieser Haltung. Und mit derart ausgestreckten Armen erlauben Sie all Ihren Empfindungen zu kommen und so zu sein, wie sie sind – verzichten Sie auf jeden Versuch, sie zu ändern. Seien Sie offen für alles, was Sie denken und fühlen, lassen Sie es einfach zu.

Diese Haltung einzunehmen, ist eine wunderbare Übung, die sogar Spaß machen kann. Mit offenen Armen sind Sie empfänglich. Die Schleusen sind geöffnet und Sie lassen all das zu, was ja ohnehin da ist. Eine solche Haltung ist die Voraussetzung für ein erfülltes Leben ohne die Barrieren, die uns unser Verstand oft in den Weg stellt.

Wir halten Bereitschaft für äußerst wichtig, wissen Sie, warum? Viele Leute betrachten die Angst als ihren größten Feind. Was aber, wenn die Angst gar nicht der Feind ist? Was, wenn Sie lernen könnten, Ihrem gesamten inneren Erleben – einschließlich der Angst – und auch sich selbst Freundlichkeit und Anteilnahme entgegenzubringen? Der Kampf wäre nicht mehr nötig. Damit wäre die Leitung, die Ihre Angst mit Kraftstoff versorgt, gekappt und es würden sich ganz neue Möglichkeiten für Sie eröffnen.

Wenn wir Sie zu Akzeptanz und Bereitschaft ermutigen, meinen wir nicht, dass Sie alles gut finden sollen, was Ihnen im Leben widerfährt. Bereit zu sein bedeutet, sich jedem Aspekt Ihres Erlebens gegenüber zu öffnen, voll und ganz und ohne Gegenwehr, denn diese Offenheit macht Sie frei, das zu tun, was Ihnen wichtig ist. Damit nehmen Sie der Furcht ihre Macht und stärken Ihren Lebensmut!

12
Stimmen der Angst

Der menschliche Geist ist eine Maschine, die unaufhörlich Gedanken produziert. Er ist die Stimme in Ihrem Kopf, er sendet vierundzwanzig Stunden am Tag, sieben Tage die Woche seine Botschaften. Das ist sein Job. Aber nicht alles, was Sie denken, ist hilfreich. Sie müssen nicht alle Gedanken, die Sie haben, ernst nehmen und sich nach ihnen richten.

Die Stimme der Angst beschäftigt sich unaufhörlich mit Ihren schlimmsten Sorgen und Befürchtungen und all dem, was angeblich mit Ihnen nicht in Ordnung ist. Und obendrein versucht sie, Ihnen weiszumachen, dass Sie nicht so viel Angst haben dürften und unbedingt etwas dagegen unternehmen müssten. Parallel zu den Angstgedanken macht sie Ihnen vernünftig klingende Lösungsvorschläge: „Atme langsam. Nimm eine Tablette. Schalt den Fernseher an. Geh früh ins Bett. Schon dich, melde dich krank.“ Und so weiter. Diese Stimme beruht auf der weitverbreiteten Ansicht, dass Ängste irgendwie gefährlich seien, dass es ein Ding der Unmöglichkeit sei, Angst zu haben *und* ein gutes Leben zu führen, dass man nur glücklich werden könne, wenn man es schaffe, seine Angst unter Kontrolle zu bekommen.

Glauben Sie dieser Stimme kein Wort! Ihr zufolge führt der Weg zum Glück über die Beherrschung der Angst. Aber der Kampf gegen die Angst macht alles eher noch schlimmer. Um aus diesem Kreislauf herauszukommen, müssen Sie sich zunächst einmal all die nutzlosen Lösungen, die die Stimme der Angst Ihnen aufschwatzen will, bewusst machen.

Nutzlose Gedanken erkennen

Nehmen Sie sich einen Moment Zeit, um zur Ruhe zu kommen, und beschäftigen Sie sich dann mit den unten stehenden Fragen. Was sagt Ihre Stimme der Angst und wozu fordert sie Sie auf? Hören Sie genau hin und versuchen Sie, jeden einzelnen Gedanken und jede scheinbare Lösung zu registrieren. Schreiben Sie sie auf, wenn Sie möchten.

- Was soll ich der Stimme der Angst zufolge tun, wenn ich Angst bekomme?
- Was soll ich der Stimme der Angst zufolge *nicht* tun, um zu verhindern, dass ich Angst bekomme?

Befassen Sie sich nun mit jeder scheinbaren Lösung und stellen Sie sich folgende Fragen:

- Hat irgendeine davon langfristig funktioniert?
- Spiegelt sich in der Stimme der Angst wider, was für ein Mensch ich sein möchte?
- Wenn ich auf die Stimme der Angst höre, mache ich dann mehr aus meinem Leben – oder eher weniger?

Es bedarf einiger Übung, es zu merken, wenn sich die Stimme der Angst meldet. Üben Sie, sich bewusst zu machen, wozu Sie die Angst auffordert. Identifizieren Sie einengende Angstgedanken. Wenn Sie lernen, die Stimme der Angst zu beobachten und sich bewusst zu machen, dass es sich bei all dem, was sie sagt, bloß um Gedanken handelt, schaffen Sie Raum für kluge, lebensbejahende Entscheidungen. Sie müssen nicht blind allem folgen, was Ihr ängstlicher Verstand Ihnen einreden will.

Dies ist auch eine gute Gelegenheit, noch einmal zu üben, das Gegenteil zu tun – wie Sie es in Kapitel 10 gelernt haben. Anstatt auf die nutzlosen Gedanken in Ihrem Kopf zu hören, können Sie das Gegenteil von dem tun, was sie Ihnen nahelegen. Sie werden feststellen, dass Sie dann möglicherweise mehr das tun, was *Sie* eigentlich wollen, anstatt sich von Ihrem ängstlichen Verstand herumkommandieren zu lassen.

13
Auf Autopilot

„Nicht bei der Sache sein“ ist eine geläufige Redensart. Sie beschreibt eine menschliche Erfahrung, die wir alle nur allzu gut kennen. Immer wieder stellen wir fest, dass wir im Alltag oft nur wenig davon mitbekommen, was um uns herum passiert.

Wenn Sie schon mal bei der Lektüre einer Zeitung oder eines Briefes am Ende einer Seite nicht mehr wussten, was Sie eigentlich gelesen hatten, wissen Sie, was wir meinen.

Unser Geist ist ein Meisterdirigent über unseren Körper und unser Erleben. Dabei kann er so mächtig werden, dass wir den Kontakt mit unserer realen Umgebung fast völlig verlieren. Dann leben wir ganz in unserem Kopf, in der Welt unserer Gedanken, Bilder und Vorstellungen. Es fühlt sich an, als wären wir von der Welt abgeschnitten, gar nicht wirklich da. Aber machen Sie sich keine Vorwürfe deswegen. Es ist alles andere als leicht für unseren Geist, mit der Gegenwart in Kontakt zu bleiben.

Um wieder mehr von Ihrem Leben mitzubekommen, müssen Sie Ihren Verstand umprogrammieren. Er muss lernen, sich wieder der Gegenwart und dem, was jetzt gerade passiert, zuzuwenden. Es gibt viele Möglichkeiten, Ihrem Geist dies beizubringen. Beispielsweise können Sie dazu eine Aktivität nutzen, die Sie in aller Regel ohne bewusste Aufmerksamkeit ausführen: das Gehen.

Achtsames Gehen

Achtsames Gehen ist eine sehr gute Möglichkeit zu lernen, ein guter Beobachter der eigenen Gedanken und Gefühle zu sein. Das können Sie üben, indem Sie sich ganz auf Ihr Erleben fokussieren. Damit befreien Sie sich vom Joch Ihres Geistes mit seinen endlosen Gedankenschleifen und Anweisungen und lernen, dass Sie selbst – und nicht Ihr Verstand – die Macht haben, darüber zu entscheiden, was Sie tun wollen und wohin Sie Ihre Schritte lenken.

Machen Sie einen 15-minütigen Spaziergang. Konzentrieren Sie sich auf Ihren Atem – atmen Sie tief ein und aus – und setzen Sie einfach ganz natürlich einen Schritt vor den anderen. Richten Sie dabei Ihre Aufmerksamkeit auf den Rhythmus Ihrer Schritte und darauf, wie sich Ihr Körper bei den Bewegungen anfühlt. Wenn Ihr Verstand abschweift, nehmen Sie das einfach zur Kenntnis. Danach führen Sie Ihre Aufmerksamkeit wieder sanft zu der Erfahrung des Gehens zurück.

Spüren Sie, wie sich Ihre Füße anfühlen, wenn Sie sie auf den Boden aufsetzen. Richten Sie Ihre Aufmerksamkeit dann nacheinander auf den Bereich Ihrer Hüften, auf Ihre Taille, Ihre Arme und Ihre Beine – spüren Sie, wie sie sich bei jedem Schritt bewegen. Machen Sie sich den perfekten Rhythmus und Fluss Ihres Körpers beim Gehen bewusst.

Registrieren Sie, wie auch Ihre Gedanken und Gefühle Sie beim Gehen begleiten. Spüren Sie die Lebendigkeit in dieser Vorwärtsbewegung. Sie haben die Kontrolle über die Schritte, die Sie machen, und die Richtung, die Sie einschlagen.

Nehmen Sie sich nach Abschluss der Übung einen Augenblick Zeit, um über Ihre Erfahrung zu reflektieren. Wie hat sich das achtsame Gehen angefühlt? Wie war es, mit Ihrem Geist spazieren zu gehen? Wie war das Gehen, als Sie sich der Erfahrung stärker bewusst wurden?

Wie jede andere Fähigkeit muss auch das achtsame Beobachten geübt werden. Die gute Nachricht ist, dass das Leben jede Menge Gelegenheiten zum Üben bietet – nicht nur beim Spazierengehen. Sie können auch üben, die Haltung eines achtsamen Beobachters einzunehmen, wenn Sie den Rasen mähen, duschen, Zähne putzen, Auto fahren, abwaschen oder sich unterhalten. Wenn Sie mehr achtsame Bewusstheit in Ihr Leben bringen, lernen Sie, dass es in Ihrer Macht liegt, Ihren Geist und Ihre Gefühle überallhin mitzunehmen, wo Sie möchten.

14
Ganz, vollständig, genug

Leute, die unter Ängsten leiden, zählen oft zu den stärksten Menschen, die wir kennen. Es sind Überlebenskünstler. Das gilt wahrscheinlich auch für Sie!

Gleichzeitig gehen viele von ihnen sehr streng mit sich um. Sie glauben, sie seien nicht gut genug, seien zu schwach, strengten sich nicht genug an. Kennen Sie solche Gedanken? Vielleicht denken Sie: „Irgendwas stimmt nicht mit mir." Oder: „Ich bin nicht gut genug." Solche Gedanken sind der Nährboden für Scham und eine tiefe Unzufriedenheit mit sich selbst.

Der Job unseres Geistes besteht darin, einen Gedanken nach dem anderen hervorzubringen. Viele davon sind hart und kritisch. Einfach alles, was sich um Sie herum und in Ihrem Inneren abspielt, wird von Ihrem Geist bewertet – als schön, wunderbar, liebenswert, schlecht, grauenhaft und so weiter. Auch Sie selbst – den Kern Ihres Ichs – kann Ihr Verstand mit Urteilen versehen.

Wenn Sie es zulassen, kann diese dunkle Seite des Verstandes immer mehr Bereiche Ihres Lebens in Beschlag nehmen, kann Sie lähmen und blockieren. Aber es gibt einen gesunden Notausgang, eine Möglichkeit, sich aus den Fängen dieses schädlichen Denkens zu befreien. Es fängt damit an, dass Sie merken, wenn die Selbstverurteilung einsetzt, bevor sie Sie auffrisst.

Die Wahrheit ist, dass Sie alles haben, was Sie brauchen. Es gibt keine kaputten Menschen. Kaputt zu sein, ist eine Bewertung – ein Gedanke –, den Ihr Verstand hervorbringt und immer wieder auf Ihre Erfahrung anwendet. Eine Bewertung, die für nichts im Leben gut ist.

Nur Sie allein können entscheiden, ob Sie darauf hören wollen oder nicht. Sie brauchen nicht alles zu schlucken, was Ihr Verstand Ihnen auftischt. Es nicht zu tun, ist ein wichtiger und notwendiger erster Schritt, um zu lernen, freundlich mit sich umzugehen und Mitgefühl sich selbst gegenüber aufzubauen. Und Freundlichkeit und Mitgefühl im Umgang mit sich selbst sind wirksame Gegenmittel gegen das Leid, das ein überkritischer Verstand erzeugt.

Wenn Sie lernen, nicht automatisch alles zu glauben, was Ihnen durch den Kopf geht, werden Sie merken, welche Veränderungen damit einhergehen. Ihr Leben muss nicht durch das bestimmt werden, was Sie denken. Sie müssen Ihrem Verstand keine Gedanken abkaufen, die nicht hilfreich sind. Sie können lernen, ganz anders auf Ihre Angst zu reagieren!

Dem Verstand beim Bewerten zuschauen

Erlauben Sie sich, an einem stillen Ort zur Ruhe zu kommen. Machen Sie ihn zu einem freundlichen und sanften Ort. Geben Sie sich einen Augenblick Zeit, um zu betrachten, was Ihr Verstand Ihnen über Sie selbst und Ihr Angstproblem zu sagen hat. Was hat er alles an Ihnen auszusetzen? Schauen Sie nach der „Ich bin nicht gut genug“-Botschaft. Dieser Botschaft zufolge ist es nicht in Ordnung, der Mensch zu sein, der Sie sind. Wenn Sie zulassen, dass diese Botschaft die Herrschaft über Ihr Leben gewinnt, dann müssen Sie geradezu gegen Ihre Gedanken und Gefühle ankämpfen, denn schließlich sagt Ihnen Ihr Verstand ja: „Es ist nicht in Ordnung, so zu sein wie du.“ Und ehe Sie sich versehen, hat schon die nächste Runde des Tauziehens begonnen!

- Machen Sie sich bewusst, welche Begriffe Ihr Verstand benutzt, um Sie, Ihre Gefühle, Ihren Wert als Mensch und Ihr Leben zu beurteilen.
- Greifen Sie sich eine von diesen Bewertungen heraus und stellen Sie sich vor, diese würde auf eine große Kinoleinwand projiziert.
- Machen Sie sich das Wort, die Buchstaben, die Farbe und die Begrenztheit und Nutzlosigkeit dieser Bewertung bewusst. Machen Sie sich klar, dass Sie diese Bewertung einfach beobachten können. Nehmen Sie bewusst zur Kenntnis, dass diese Worte etwas anderes sind als Sie. Sie können sie einfach betrachten, ohne sie blind zu glauben.

- Diskutieren Sie nicht mit Ihrem Verstand darüber, ob die Bewertungen zutreffen oder nicht. Wichtig ist nicht die Frage, ob Gedanken wahr sind oder nicht, wichtig ist, ob sie hilfreich sind. Was zählt, ist, ob ein bestimmter Gedanke Ihnen hilft, Ihren Weg zu gehen, oder Sie eher daran hindert.
- Atmen Sie sanft in jedes einzelne Bild, das auf der Leinwand erscheint, und lassen Sie sich dabei erfüllen von einem Gefühl des Friedens und der freundlichen Offenheit.
- Erlauben Sie den Bildern, zu kommen und zu gehen, und machen Sie sich bewusst, dass Sie sehr viel mehr sind als die Worte, die Ihr Verstand benutzt, um Sie zu beurteilen.

Schauen Sie, ob Sie eine derartige beobachtende Achtsamkeit aufbringen können, sobald alte, nutzlose und einschränkende Gedanken in Ihrem Bewusstsein auftauchen und sich Ihnen in den Weg stellen. Gehen Sie mit Ihrer inneren Stimme in Kontakt, die weiß, dass Sie so, wie Sie sind, ganz, vollständig und genug sind!

15 Freundlichkeit und Selbstfürsorge

Viele Leute können sehr streng zu sich sein. Vielleicht trifft das auch auf Sie zu. Möglicherweise fragen Sie sich: „Wieso kann ich nicht einfach damit aufhören? Es ist so dumm. Ich weiß doch, dass das alles reine Kopfsache ist. Ich könnte mich treten. Ich hasse meine Panikattacken – ich hasse sie."

All die Beschuldigungen und wütenden Vorwürfe sind keine Lösung. Eher machen sie alles nur noch schlimmer. Da gibt es nichts zu beschönigen. Wenn Sie auf negative emotionale Energie mit noch mehr negativer Energie in Form von Selbstvorwürfen und Anklagen reagieren, vergrößern Sie Ihr Leid.

Ein Perspektivwechsel tut not. Dazu müssen Sie – vielleicht zum ersten Mal – die Beziehung zu Ihrem Verstand, Ihrem Körper und Ihrem Erleben ändern. Hören Sie auf, sich in Vorwürfen zu ergehen, und fangen Sie an, sich gut um das zu kümmern, was Sie ausmacht – also Ihren Geist, Ihren Körper, Ihr Gefühlsleben und alles andere, was aus Ihrer persönlichen Geschichte hervorgegangen ist.

Sie haben die Wahl: Sie können sich in Ihrem Inneren ein Haus bauen, das abweisend und feindselig ist, oder eines voller Güte und Freundlichkeit. Freundlichkeit sich selbst gegenüber an den Tag zu legen, bedeutet, mit sich selbst fürsorglich und liebevoll umzugehen. Dabei üben Sie, sich selbst – Körper, Geist und Seele – so zu behandeln, wie Sie eine Person oder eine Sache behandeln würden, die Sie schätzen und lieben. Ob Sie das tun wollen, können nur Sie allein entscheiden.

Zu üben, freundlich mit sich selbst umzugehen, ist ein sehr wirksames Mittel gegen Angst, Wut, Reue, Scham und Depression. Mithilfe dieser Übung können Sie den Kampf gegen Ihren Verstand und Ihren Körper beenden und dadurch mehr Frieden und Freude in Ihr Leben bringen.

Üben, gut zu sich zu sein

Beginnen Sie jeden Tag noch vor dem Aufstehen mit dem Vorsatz, sich selbst wenigstens einen Akt der Freundlichkeit zukommen zu lassen. Seien Sie standhaft in Ihrem Bemühen, diesen Vorsatz im Laufe des Tages in die Tat umzusetzen.

Überlegen Sie, was Sie tun könnten, um freundlich zu sich selbst zu sein. Werden Sie konkret und schreiben es auf. Ihre Freundlichkeit könnte zum Beispiel darin bestehen, dass Sie sich Zeit für eine Meditation nehmen, ein gutes Buch lesen, einen Spaziergang unternehmen, Musik hören, sich im Garten betätigen oder ein gutes Essen kochen. Oder darin, freundlich und liebevoll mit sich umzugehen, wenn das Leben hart zu Ihnen ist oder wenn Ihr Geist und Ihr Körper Ihnen unangenehme Erfahrungen verschaffen. Überlegen Sie, wie Sie wohl reagieren würden, wenn ein Ihnen nahestehender Mensch in Ihrer Situation wäre und das Gleiche erlebte. Wie würden Sie sich ihm gegenüber verhalten? Mit genau der gleichen Freundlichkeit und Herzlichkeit wenden Sie sich dann der eigenen Erfahrung zu.

Gut zu sich selbst zu sein, ist nichts, was Sie sich durch eine besondere Leistung erst verdienen müssten. Es hat auch nichts mit Egoismus zu tun. Sie tun es, weil es Ihrer Gesundheit und Ihrem Wohlbefinden dient. Nennen Sie es einen Akt der Selbstfürsorge, wenn Sie das hilfreich finden. Sie sind es wert, mit Freundlichkeit bedacht zu werden, weil Sie ein lebendiges, fühlendes Wesen sind. Wir alle sind es wert, freundlich behandelt zu werden – und zwar nicht nur bei besonderen Anlässen. Freundlich und liebevoll mit uns selbst umzugehen, ist eine Möglichkeit, die uns jederzeit zur Verfügung steht.

In Momenten, in denen Sie freundliche Zuwendung gebrauchen könnten, müssen Sie nicht darauf warten, dass andere Leute freundlich zu Ihnen sind. Sie können sich entscheiden, gut für sich zu sorgen und sich liebevolle Zuwendung zu schenken. Damit machen Sie sich stark, so zu leben, wie Sie es wollen.

16
Akzeptanz kultivieren

Wir kennen viele Menschen, die lange gegen ihre Angst angekämpft haben. Einige von ihnen haben dann irgendwann gesagt: „Ich weiß, ich muss meine Angst einfach akzeptieren." Dabei setzen manche Akzeptieren mit Resignieren gleich. Sie hören damit auf, sich verändern zu wollen. Aber das ist es nicht, was mit Akzeptanz gemeint ist.

Akzeptanz bedeutet, all dem, was sowieso passiert, mit bewusster Offenheit zu begegnen. Allerdings kann man nicht akzeptieren, was man nicht kennt. Und man kann auch nicht akzeptieren, was man ablehnt und loswerden will.

Etwas zu akzeptieren, bedeutet, ihm Raum zu geben und ihm zu erlauben, da zu sein. Voraussetzung dafür ist die Bereitschaft, Schwierigem und Schmerzhaftem ins Gesicht zu sehen. Dafür kann es sehr hilfreich sein, wenn wir unsere Fähigkeit zu Achtsamkeit und geistiger Präsenz verbessern.

Achtsamkeitsübungen lehren uns, dass wir uns nicht aussuchen können, was in unser Bewusstsein tritt und was wir fühlen. Wählen können wir nur, worauf wir unsere Aufmerksamkeit richten, auf welche Weise wir aufmerksam sind und was wir tun. Mehr Achtsamkeit lässt uns die schwierigen Erfahrungen klarer sehen und auch die schönen Momente in unserem Leben bewusster erleben.

Ohne Freundlichkeit und Mitgefühl jedoch gibt es keine gesunde Möglichkeit, Angst oder andere schmerzhafte Gefühle zuzulassen. Das wäre, als hielten Sie eine tickende Zeitbombe in der Hand, die jeden Moment explodieren könnte, ohne etwas zu unternehmen. Aber Sie können Ihrem Schmerz mit Sanftmut begegnen – und mit einer Portion Neugier und Mitgefühl. Dies kann den Schmerz entschärfen und ihn verwandeln in etwas, was Sie annehmen und würdigen können. Und vielleicht können Sie sogar aus ihm lernen und durch ihn wachsen. Deshalb laden wir Sie dazu ein, Akzeptanz in Ihrem Leben zu kultivieren.

Die folgende Übung wird Sie dabei unterstützen. Mit ihrer Hilfe werden Sie lernen, Ihre Ängste zuzulassen und sich dabei selbst mit freundlicher Güte zu begegnen und sich Wärme und Mitgefühl zu schenken. Dadurch erfahren Sie auf sehr konkrete Weise, dass die Angst nicht Ihr Feind ist.

Gedanken und Gefühle zulassen

- Setzen Sie sich bequem hin und lassen Sie die Augen sanft zufallen.
- Nehmen Sie sich etwas Zeit, um zu spüren, wie Sie ein- und ausatmen und wie sich Ihr Körper anfühlt. Richten Sie Ihre Aufmerksamkeit darauf, wie sich Ihr Brustkorb und Ihr Bauch mit jedem Atemzug sanft ausdehnen und wieder zusammenziehen.
- Lassen Sie den Atem einfach fließen und begegnen Sie Ihrem Erleben mit großzügiger Offenheit und sanftmütiger Akzeptanz.
- Früher oder später wird Ihr Geist vom Atem abschweifen und sich anderen Themen, Gedanken, Sorgen, Vorstellungen, körperlichen Empfindungen, Plänen oder Tagträumen zuwenden oder sich einfach treiben lassen. Wenn Sie merken, dass Ihr Geist zu wandern beginnt, nehmen Sie das gelassen zur Kenntnis und kehren sanft und freundlich zu Ihrem Atem zurück.
- Wenn sich Gefühle, Anspannung oder andere intensive Empfindungen bemerkbar machen, registrieren Sie sie, erkennen Sie ihre Anwesenheit an und schauen Sie, ob Sie ihnen Raum geben können. Stellen Sie sich vor, dass Sie mit jedem Atemzug mehr Raum in Ihrem Inneren schaffen.
- Vielleicht spüren Sie Empfindungen in Ihrem Körper und wie sie sich von einem Augenblick zum nächsten verändern. Sollten sich irgendwo in Ihrem Körper unangenehme Empfindungen bemerkbar machen, lassen Sie Ihren Atem dort hineinfließen.
- Zusätzlich zu den körperlichen Empfindungen selbst bemerken Sie möglicherweise auch Gedanken über diese Empfindungen – und Gedanken über diese Gedanken. Nehmen Sie diese schlicht zur Kenntnis und wenden Sie sich dann wieder dem Atem und dem gegenwärtigen Augenblick zu. Gedanken sind Gedanken, körperliche

Empfindungen sind körperliche Empfindungen, Gefühle sind Gefühle, nicht mehr und nicht weniger.

- Machen Sie sich bewusst, wie Ihre Gedanken und Gefühle kommen und gehen. Ihr Atem aber ist immer bei Ihnen, in jedem einzelnen Moment. Das Gleiche gilt auch für einen bestimmten Teil von Ihnen: den weisen Beobachter. Dieser Beobachter nimmt alle Erfahrungen wahr, die Sie haben können. Sie sind der Ort und der Raum für Ihre Erfahrungen. Sie sind nicht das, was Ihre Gedanken und Gefühle behaupten, auch wenn diese noch so anhaltend oder intensiv sind. Machen Sie diesen Ort in Ihrem Inneren zu einem freundlichen, sanften und liebevollen Raum, einem Zuhause.
- Wenn Sie die Übung beenden möchten, dehnen Sie Ihre Aufmerksamkeit auf die Geräusche in Ihrer Umgebung aus und öffnen Sie langsam die Augen. Nehmen Sie sich vor, noch vielen weiteren Momenten des Tages mit achtsamer Akzeptanz zu begegnen.

Diese Übung kommt Ihnen zunächst wahrscheinlich ziemlich schwierig vor. Aber lassen Sie sich von dieser Bewertung nicht daran hindern, sie in den folgenden Wochen regelmäßig zu wiederholen. Denken Sie daran, dass Akzeptanz eine Fähigkeit ist, die durch Übung gestärkt wird. Einmal erlernt, steht sie Ihnen jederzeit und überall zur Verfügung. Es gibt kein Richtig oder Falsch bei dieser Übung. Seien Sie also freundlich zu sich selbst, wenn Sie üben. Wichtig ist der klare Wille zu üben, um so ein besserer Beobachter zu werden und das Leben voll und ganz zu leben.

17
Die Illusion platzen lassen

Kleinen Kindern beim Spielen zuzuschauen, ist faszinierend. Kinder sind noch viel weniger belastet durch den unaufhörlichen Strom der Gedanken und gehen viel stärker im Augenblick auf. Mit zunehmendem Alter aber entwickeln sie dann Möglichkeiten, mithilfe der Sprache und anderer Formen symbolischer Kommunikation über sich und ihre Welt nachzudenken und zu kommunizieren. Der Preis, den sie dafür bezahlen, ist der Verlust der Fähigkeit, ganz im Hier und Jetzt zu sein.

Als Erwachsene übersehen wir oft, dass Worte zwar wunderbar geeignet sind, um sich mit anderen auszutauschen, aber dass sie etwas anderes sind als die Sache selbst, auf die sie sich beziehen. Daran zu denken, in einem Sessel zu sitzen, ist etwas anderes, als tatsächlich in einem Sessel zu sitzen.

Da wir aber geradezu in Sprache und Gedanken schwimmen, nehmen wir unsere Gedanken oft wörtlich und unterscheiden gar nicht mehr zwischen ihnen und dem, worauf sie sich beziehen. Wenn wir nicht aufpassen, verlieren wir die Tatsache aus dem Blick, dass es sich bei den Bildern und Worten in unseren Köpfen bloß um Gedanken handelt, die unser Verstand hervorbringt. Wir betrachten sie dann als reale Dinge, die daher auch eine echte Bedrohung für uns darstellen können.

Lernen Sie hingegen, einen kleinen Schritt zurückzutreten, dann fangen Sie an, ein Bewusstsein dafür zu entwickeln, dass Gedanken letztlich nichts anderes sind als Worte – nichts Reales, nichts Substanzielles. Damit öffnen Sie Ihren Geist weit hinaus über alles, was automatisch aus diesen Worten folgt. Mithilfe der folgenden Übung stärken Sie Ihr Bewusstsein dafür, dass Gedanken nichts als Worte sind.

Mit Gedanken spielen

Beginnen wir mit dem Wort „Spinne“. Wenn Sie „Spinne“ denken, was für ein Bild entsteht dann vor Ihrem inneren Auge? Können Sie sie krabbeln sehen? Falls Sie sich im wahren Leben vor Spinnen fürchten, dann löst möglicherweise allein der Gedanke an eine Spinne bei Ihnen Angst oder Ekel aus. Suchen Sie sich nun einen Platz zum Sitzen, von dem aus Sie eine Uhr im Blick haben. Sprechen Sie das Wort „Spinne“ laut aus, immer wieder, so schnell Sie können: „Spinne, Spinne, Spinne ...“ Tun Sie das genau 40 Sekunden lang.

Schauen Sie dann, was nach den vierzig Sekunden mit der Bedeutung des Wortes passiert ist. Hat es Sie immer noch ängstlich gemacht (falls das zunächst der Fall war)? Und hat es immer noch das Bild einer Spinne in Ihnen hervorgerufen? Oder sind die Wörter irgendwann ineinander übergegangen, haben sich einfach wie ein komisches Geräusch angehört – „binnesch binnesch binnesch ...“? Ist Ihnen aufgefallen, wie schnell sich die Bedeutung des Wortes in den vierzig Sekunden verflüchtigt hat?

Wiederholen Sie diese Übung nun. Nehmen Sie aber dieses Mal einen Gedanken, der Ihnen in den Sinn kommt, wenn Sie Angst haben – einen, in dem Sie sich oft verheddern oder gegen den Sie ankämpfen. Verdichten Sie den Gedanken zu einem einzigen Wort, z.B. Sorge, Panik, Angst, allein, Traurigkeit, Tod, Schmutz, Krankheit, Höhe oder Menschenmenge. Vielleicht ist es auch eine Bewertung wie hässlich, dumm, wertlos oder langweilig – eine, die wehtut oder Stress erzeugt.

Sprechen Sie jetzt das Wort etwa vierzig Sekunden lang laut aus so schnell Sie können. Dann schauen Sie, was passiert ist. Ist der Begriff immer noch so glaubhaft wie zuvor? Oder können Sie ihn einfach als Wort betrachten, als Geräusch, nichts Reales, nichts Substanzielles?

Diese eindrucksvolle Übung zeigt uns, dass der Geist die Illusion von Angstmonstern entstehen lassen kann, die in Wirklichkeit gar keine Monster sind. Es sind Worte, verbunden mit Bildern und Klängen, denen Sie eine bestimmte Bedeutung geben, weil Sie es so gelernt haben. Haben Sie dies einmal verstanden, werden Sie zunehmend besser darin werden, sich aus den zahlreichen Fallstricken des Verstandes zu befreien. Und darüber hinaus lernen Sie zu erkennen, dass Sie nicht sind, was Sie denken.

18
Dem Verstand nicht alles abkaufen

Wie ein versierter Verkäufer bietet uns unser Verstand unaufhörlich irgendwelche Gedanken an und hofft, dass wir sie ihm abkaufen. Manchmal sind es nützliche und lebensbejahende Gedanken. Diese verdienen natürlich unsere Aufmerksamkeit. Aber oft sind die Produkte des menschlichen Geistes nicht besonders hilfreich. Wenn Sie sich solche Gedanken aufschwatzen lassen, merken Sie es daran, dass Sie ängstlicher werden und sich Ihr Leben kleiner anfühlt.

Es ist möglich, aus diesem Kreislauf auszubrechen. Dazu müssen Sie die Worte und Bilder in Ihrem Kopf als das erkennen, was sie eigentlich sind: Gedanken! Wie Sie mithilfe der folgenden Übung erfahren werden, gibt es einen wichtigen Unterschied zwischen Ihnen und Ihren Gedanken – den Produkten Ihres Verstandes. Diese einfache und wirksame Übung wird Ihnen helfen, damit umzugehen, wenn Ihr Verstand mal wieder versucht, Ihnen Gedanken zu verkaufen, die alles andere als nützlich sind.

Gedanken als Gedanken benennen

Das Vorgehen ist sehr simpel, man muss sich jedoch erst einmal daran gewöhnen. Es besteht darin, jeden Gedanken, den Sie haben, mit den Worten einzuleiten: „Ich habe den Gedanken, dass ..." Wenn Sie also sagen oder denken: „Ich bekomme eine Panikattacke, wenn ich da hingehe", machen Sie daraus: „Ich habe den Gedanken, dass ich eine Panikattacke bekomme, wenn ich da hingehe." Denken Sie: „Ich muss meine Angst in den Griff bekommen, sonst geht mein Leben den Bach runter", wird daraus: „Ich habe den Gedanken, dass ich meine Angst in den Griff bekommen muss und dass sonst mein Leben den Bach runtergeht." Damit üben Sie, sich bewusst zu machen, dass Sie Gedanken haben.

Auf die gleiche Weise können Sie mit angsterregenden Vorstellungen und Gefühlen umgehen. Bei Vorstellungen können Sie sich sagen: „Ich habe die Vorstellung, dass [was auch immer Sie sich gerade vorstellen]." Bei Gefühlen sagen Sie sich: „Ich habe das Gefühl, dass ich sterbe" oder „Ich habe ein Gefühl von [was auch immer Sie gerade fühlen]."

Sollte Ihnen diese Art des Benennens zu umständlich oder schwierig erscheinen, können Sie das Ganze auch noch etwas vereinfachen. Wenn ein Gedanke auftaucht, sagen Sie einfach: „Da ist ein Gedanke." Wenn ein Bild in Ihr Bewusstsein tritt, sagen Sie sich: „Da ist ein Bild." Und wenn sich körperliche Empfindungen bemerkbar machen, benennen Sie auch diese eine nach der anderen: „Da ist eine Empfindung."

Üben Sie diesen Umgang mit allem, was Ihr Verstand oder Ihr Körper Ihnen präsentiert. Auf diese Weise entwickeln Sie die Möglichkeit, Gedanken und emotionale Erfahrungen als das zu sehen, was sie sind: Produkte Ihres Verstandes, die nicht unbedingt geglaubt oder ernst genommen werden müssen.

Es dauert eine Weile, sich daran zu gewöhnen, so mit seinen Gedanken umzugehen. Anfangs wird es sich wahrscheinlich komisch anfühlen. Halten Sie trotzdem Kurs und üben Sie weiter. Dieser neue Umgang wird Ihnen helfen, Gedanken als Gedanken, Vorstellungen als Vorstellungen und Gefühle als Gefühle zu erkennen. Auch wenn intensive und beängstigende Gedanken, Vorstellungen oder Gefühle äußerst glaubhaft erscheinen, erinnern Sie sich daran, dass es sich um nichts anderes als Gedanken, Vorstellungen oder Gefühle handelt. Auf diese Weise erschaffen Sie sich den Raum, den Sie brauchen, um Ihren Weg fortzusetzen, wenn Ängste auftauchen. Sie müssen Ihrem Verstand nicht alles abkaufen, was er Ihnen anbietet.

19
Frei werden

Es kann sehr schwer sein, im Leben voranzukommen, wenn Ihr Verstand Sie auffordert, zu bleiben, wo Sie sind, weil es sicherer sei, weniger riskant. Wenn Sie Angst haben, nennt er Ihnen womöglich auch noch jede Menge Gründe, wieso Sie sich entweder nicht vom Fleck rühren oder das Weite suchen sollten. Machen Sie sich klar, dass er Sie damit in eine Falle lockt und Sie sich, wenn Sie in diese Falle hineintappen, weit von dem Leben entfernen, das Sie eigentlich führen wollen.

Die gefährlichsten Fallen des Verstandes bestehen aus Begründungen und Rechtfertigungen dafür, vor der Angst wegzulaufen, anstatt sich ihr zu stellen. Ihr Verstand sagt Ihnen vielleicht: „Du machst dich lächerlich, wenn du dies oder jenes tust." Oder er meint: „Wenn du in Panik gerätst, könntest du dir (oder jemand anderem) schaden, dich blamieren oder sogar sterben." Möglicherweise äußert er auch: „Du kannst da auf keinen Fall hingehen, du wirst umkippen, einen Nervenzusammenbruch erleiden, versagen, keine Luft bekommen oder völlig die Kontrolle verlieren." All diese Gedanken drängen Sie dazu, tatenlos zu bleiben und sich nicht mehr zu rühren.

Im Grunde genommen lautet die Botschaft Ihres Verstandes: „Wenn du Angst hast, braucht du gar nicht erst zu versuchen, dein Leben zu leben." Aber natürlich kann man immer sein Leben leben – auch wenn man Angst hat. Man braucht dazu nur etwas Mut. Dabei heißt Mut nicht, keine Angst zu haben. Mut ist die Entscheidung, dass etwas wichtiger ist als die Angst.

Wenn Ihr ängstlicher Verstand eine seiner Fallen aufstellt, ist es sehr mutig, die Gedanken einfach still zu betrachten und ihnen nicht nachzugeben. Es ist mutig, weil die Impulse in Richtung Flucht oder Vermeidung sehr stark sein können und sich nicht abstellen lassen. Nicht zu fliehen oder zu vermeiden, ist alles andere als einfach.

Ihr Verstand wird Sie geradezu anschreien und Sie auffordern, auch dieses Mal auf ihn zu hören so wie sonst immer. Aber Sie müssen nicht auf ihn hören, auch dann nicht, wenn er einen Wutanfall bekommt. Sie können Ihre Gedanken als das sehen, was sie sind, und sie einfach beobachten. Wenn Sie dies konsequent tun, werden Sie merken, dass es nach und nach einfacher wird, Gedanken, Vorstellungen und Impulse bloß zur Kenntnis zu nehmen, anstatt zu tun, was sie sagen.

Eine einfache Möglichkeit, dies zu üben, ist das Gedankenbeobachten. Dabei lernen Sie, eine Beobachterrolle einzunehmen, anstatt all das, was Ihr Verstand Ihnen auftischt, einfach zu schlucken. Sie lernen zu erkennen, wenn Ihr Verstand Sie mit Gedanken ködert, die Sie nicht nur in eine Falle locken, sondern auch ängstlich werden lassen und sogar dazu führen, dass Sie sich selbst nicht mehr leiden können.

Sich selbst beim Denken zuschauen

- Suchen Sie sich einen bequemen Platz, an dem Sie für etwa fünf bis zehn Minuten ungestört sein werden. Schließen Sie zunächst die Augen und atmen einige Male tief ein und aus.
- Stellen Sie sich vor, Ihr Verstand wäre ein mittelgroßes weißes Zimmer mit zwei Türen. Die Gedanken kommen durch die vordere Tür in den Raum hinein und verlassen ihn durch die hintere Tür.
- Beobachten Sie einfach jeden Gedanken, wenn er das weiße Zimmer betritt. Analysieren Sie ihn nicht. Setzen Sie sich nicht mit ihm auseinander. Stimmen Sie ihm nicht zu, aber widersprechen Sie ihm auch nicht. Nehmen Sie einfach zur Kenntnis, dass Sie diesen Gedanken haben – das ist alles. Sie registrieren den Gedanken – und tun ansonsten nichts mit ihm. Sie beobachten ihn einfach so lange, bis er verschwindet. Wenn er gehen will, lassen Sie ihn los. Halten Sie ihn nicht fest.
- Atmen Sie, beobachten Sie. Einen bestimmten Gedanken zu haben, heißt nicht, irgendetwas tun zu müssen. Ein Gedanke kann Sie zu nichts zwingen und sagt auch nichts über Ihren Wert als Mensch aus.
- Beobachten und registrieren Sie Ihre Gedanken und behandeln Sie sie wie Besucher, die das weiße Zimmer betreten und wieder

verlassen. Gönnen Sie ihnen ihren kleinen Moment im Rampenlicht. Wenn sie dann bereit sind zu gehen, lassen Sie sie los und begrüßen Sie den nächsten Gedanken – und dann den nächsten.

- Setzen Sie diese Übung so lange fort, bis sich ein gefühlsmäßiger Abstand zu Ihren Gedanken einstellt. Hören Sie nicht auf, bis auch die Bewertungen nur eine vorübergehende Erscheinung in dem Raum sind – nicht mehr wichtig, kein Grund, irgendetwas zu tun.
- Führen Sie diese Übung mindestens einmal täglich durch.

Das Wichtigste am Gedankenbeobachten ist, bewertende und andere unerwünschte Gedanken einfach zur Kenntnis zu nehmen, anstatt sich in ihnen zu verfangen. Je mehr Sie üben, eine beobachtende Haltung Ihrem Inneren gegenüber einzunehmen, umso besser wird es Ihnen gelingen, alle möglichen Gedanken einfach kommen und gehen zu lassen, ohne von ihnen beherrscht zu werden. Nehmen Sie es sich fest vor. Es ist wichtig, in der Lage zu sein, gedankliche Fallen zu erkennen. Es ist ein entscheidender Schritt, um den Kampf gegen die Angst und die Neigung zur Vermeidung aufzugeben – ein entscheidender Schritt Richtung Freiheit.

20
Den Geist vermenschlichen

Manche Menschen, deren Bekanntschaft Sie machen, sind Ihnen nicht besonders sympathisch – das geht uns allen so. Manche gehen Ihnen auf die Nerven. Andere machen Ihnen sogar Angst und legen Ihre wunden Punkte bloß. Sie fühlen sich durch sie gestört oder gar verletzt. Am liebsten hätten Sie nichts mehr mit ihnen zu tun.

Ihr eigener Verstand kann eine von diesen Nervensägen sein. In diesem Fall ist es oft hilfreich, etwas Abstand zu gewinnen. Eine einfache Möglichkeit ist, sich zu fragen: „Wer sagt mir das jetzt?" Wenn Ihr ängstlicher Verstand ein Mensch wäre, der Ihnen irgendetwas einflüstern will, würden Sie auf ihn hören wollen? Hat dieser Mensch Ihnen in der Vergangenheit irgendwelche nützlichen Ratschläge gegeben?

Vielleicht ist Ihnen das noch ein bisschen zu abstrakt. Fahren wir also mit einer Übung fort, die Johns Frau Jamie entwickelt hat, um das Ganze etwas konkreter zu machen. Schreiben Sie, wenn Sie mögen, Ihre Antworten zu den Fragen dieser Übung auf ein Blatt Papier.

Mit wem habe ich es zu tun?

Fangen Sie damit an, dass Sie sich Ihren ängstlichen Verstand einmal näher anschauen. Mit welchen Botschaften verunsichert er Sie, bevor, während und nachdem Sie in Angst geraten? Stellen Sie sich jetzt einmal vor, Ihr Verstand wäre ein Mensch, den Sie gerade kennengelernt hätten. Was für eine Art von Mensch wäre er? Versuchen Sie, sich das einen Moment bildlich vorzustellen. Schließen Sie dabei die Augen, wenn das hilft.

Stellen Sie sich so detailliert wie möglich vor, was für ein Mensch Ihr ängstlicher Verstand wäre. Was für einen Charakter hätte er? Würde es sich um einen fürsorglichen, liebevollen Menschen handeln oder um jemanden, der kritisch, streng und rechthaberisch ist? Wäre er jemand, mit dem Sie gerne Zeit verbringen? Wären Sie gerne mit ihm befreundet? Würden Sie mit ihm essen gehen wollen?

Ergänzen wir noch ein paar Einzelheiten. Wäre die Person männlich oder weiblich? Wie alt wäre sie? Wie sähe sie aus? Wie groß wäre sie und wie wäre sie gekleidet? Wie würde sie sich benehmen?

Gehen Sie noch einen Schritt weiter. Wie würde sich Ihr ängstlicher Verstand als Person anhören? Laut? Engstirnig? Überheblich? Negativ? Penetrant? Hätte er einen bestimmten Akzent?

Treten Sie dann einen Schritt zurück und fragen Sie sich: Wer ist diese Person? Geben Sie ihr einen Namen – es darf ruhig ein komischer sein. Denken Sie sich in Ruhe einen aus.

Haben Sie eine klare Vorstellung von dieser Person, stellen Sie sich vor, dass sie eines Tages uneingeladen vor Ihrer Tür stünde. Während Sie langsam die Tür öffnen, fragen Sie sich: Wie will ich auf sie reagieren? Will ich sie liebevoll begrüßen, so wie einen engen Freund oder Angehörigen? Oder will ich der personifizierten Angst wie einem unwillkommenen Gast oder gar wie einem Feind begegnen? Vielleicht sind Sie hin- und hergerissen. Aber überlegen Sie einmal: Wenn Ihre Angst ein Mitmensch wäre, dem Sie nicht aus dem Weg gehen könnten, dann wäre es sicher nicht besonders gut für eine gesunde Beziehung zu ihm, wenn Sie ihn wie einen Feind behandelten. Sie sollten sich etwas anderes einfallen lassen.

Wenn Ihr ängstlicher Verstand so jemand wäre wie die Person, die Sie soeben gedanklich erschaffen haben, würden Sie wirklich auf alles hören wollen, was sie Ihnen sagen würde? Würden Sie sich von ihr vorschreiben lassen, was Sie zu tun haben? Wahrscheinlich nicht, oder? Überlegen Sie, was für eine Art von Beziehung Sie zu Ihrem Verstand und zu Ihren Gefühlen haben möchten.

21
Wörter, Buchstaben und Tinte

Gedanken erscheinen uns manchmal als etwas Festes, etwas, das Form und Substanz hat, wie riesige Felsbrocken, die uns zermalmen könnten. Aber das ist eine Illusion. In Wirklichkeit sind Gedanken wie der Rauch, der von einem Räucherstäbchen aufsteigt. Versuchen wir, ihn zu packen, entschwindet er. Versuchen wir, uns an ihm festzuhalten, greifen wir ins Leere. Irgendwann löst sich der Rauch in Luft auf, ohne irgendetwas Bleibendes zu hinterlassen. Nichts, was mit Händen zu fassen wäre. Das ist die wahre Natur von Gedanken: Es sind Worte und Vorstellungen ohne Form und Substanz.

Zu lernen, die wahre Natur von Gedanken zu erkennen, ist eine sehr wirksame Möglichkeit, um die Illusion zum Platzen zu bringen, dass Sie und Ihre Gedanken eins wären oder dass all Ihre Gedanken angehört und geglaubt werden müssten.

Die folgende Übung hilft Ihnen, diese wichtige Fähigkeit zu kultivieren.

Gedanken auf Karten

Diese Übung kann man immer und überall durchführen, wenn sich ängstliche Gedanken oder Impulse einstellen. Sie brauchen dazu bloß ein paar leere Zettel oder Karteikarten. Benennen Sie das, was Sie erleben. Schreiben Sie jeden Gedanken, jede Sorge, jede körperliche Empfindung, jeden Impuls, jede Vorstellung einzeln auf ein Stück Papier. Seien Sie dabei möglichst genau.

Schauen Sie sich dann das Aufgeschriebene noch einmal an. Wenn wir Sie fragen würden: „Was ist das, was Sie da vor sich haben?“, was würden Sie sagen? Möglicherweise würden Sie vorlesen, was Sie aufgeschrieben haben. Aber an dieser Stelle möchten wir es wirklich ganz genau wissen. Was gibt es wirklich auf dem Papier zu sehen? Schauen Sie einmal ganz genau hin.

Wenn Sie sich einen Moment Zeit nehmen und ganz genau hinschauen, können Sie feststellen, dass es sich um Wörter, Buchstaben und Tinte handelt. Das ist alles. Wenn Sie geschrieben haben: „Ich bin unfähig", und das Geschriebene betrachten, sehen Sie Wörter, Buchstaben und Tinte. Wenn Sie geschrieben haben: „Ich bin eine Banane", sehen Sie Wörter, Buchstaben und Tinte. Alle Gedanken sind aus dem gleichen Stoff gemacht.

Gerade noch befanden sich die Gedanken und Impulse im Inneren Ihres Kopfes. Dort drin fühlten sie sich wahrscheinlich hart und schwer an. Jetzt sind sie draußen und Sie können sie anschauen. Nehmen Sie sich Zeit, um sie als das zu sehen, was sie sind. Was passiert, wenn Sie die Macht über Ihr Leben an die Wörter, Buchstaben und die Tinte auf den Zetteln abgeben? Machen Sie sich klar, dass es an Ihnen liegt zu entscheiden, ob Sie tun, was die Zettel sagen –den Kampf aufnehmen –, oder das Geschriebene einfach betrachten als das, was es ist: ein Gedanke, eine Empfindung, eine Vorstellung, ein Handlungsimpuls. Nichts als Wörter, Buchstaben und Tinte.

Um ein Gefühl dafür zu bekommen, was es heißt, gegen Ihr Erleben zu kämpfen, legen Sie einmal eine Karte mit einem Gedanken oder Impuls zwischen beide Hände und pressen Sie dann die Hände so fest es geht gegeneinander. Tun Sie dies mindestens 30 Sekunden lang. Danach legen Sie die Karte einfach sanft auf Ihrem Schoß ab. Spüren Sie, wie viel anstrengender es ist, gegen den Gedanken oder Impuls anzukämpfen, als ihn auf dem Schoß liegen zu haben.

Es ist sehr hilfreich, regelmäßig zu üben, nicht gegen Gedanken und Impulse anzukämpfen, indem Sie sie einfach mit sich herumtragen. Stecken Sie sich dazu die Karten z.B. in die Jacken- oder Hosentasche, die Geldbörse oder die Aktentasche, während Sie Ihren alltäglichen Beschäftigungen nachgehen. Machen Sie sich bewusst, dass Sie auch mit diesen Karten überall hinkommen und alles tun können.

Hin und wieder, wenn Sie einen Moment Zeit haben, holen Sie die Karten heraus und betrachten sie, aber achten Sie darauf, nicht an dem, was darauf steht, hängen zu bleiben. Machen Sie sich klar, was Sie da anschauen – Wörter, Buchstaben, Tinte. Sie haben die Wahl: Entweder Sie lassen sich von den Gedanken in Beschlag nehmen, die Sie da auf den Karten sehen. Oder Sie kümmern sich um andere Dinge in Ihrem Leben. Lassen Sie sich von Ihrer Erfahrung leiten, dann fällt die Entscheidung gar nicht so schwer. Es ist an der Zeit zu lernen, mehr Ihrer Erfahrung zu trauen und weniger Ihrem ängstlichen Geist.

Üben Sie, Ihre Gedanken und Impulse auf Karten aufzuschreiben und sie überallhin mitzunehmen. Tun Sie das eine Zeit lang täglich. Wenn Sie möchten, können Sie die Karten von Zeit zu Zeit austauschen. Manche Menschen, mit denen wir arbeiten, fertigen sich einen kleinen Stapel von Karteikarten an. Jeden Morgen mischen sie die Karten neu und ziehen vier oder fünf heraus, die sie dann an dem Tag mit sich herumtragen. Die Karten sind immer da und stehen ihnen jederzeit zur Verfügung – so wie sie auch ihre persönliche Geschichte immer bei sich haben.

Denken Sie daran: Jedes Mal, wenn Sie im Laufe des Tages zufällig mit einer Karte in Berührung kommen oder sie lesen, ohne sich in ihrem Inhalt zu verfangen, arbeiten Sie an einer wichtigen Fähigkeit. Im Laufe der Zeit werden Sie feststellen, dass der Sog, der von den Worten auf den Karten ausgeht, langsam nachlässt.

22
Geduldig sein

Den Gedanken dabei zuzusehen, wie sie das weiße Zimmer betreten und verlassen, und sie mit auf den Weg zu nehmen, wie Sie es beim achtsamen Gehen getan haben, sind wichtige Fähigkeiten, die Sie täglich für sich nutzen können. Aber wenn sich Ängste einstellen und immer intensiver werden, schwächen sie möglicherweise Ihre Hoffnung und den festen Vorsatz, bei sich zu bleiben. Nicht vor sich wegzulaufen, sondern da zu bleiben, wo man ist, erscheint geradezu unmöglich. Es gibt eine natürliche Tendenz, Unangenehmes von sich fernzuhalten. Der Impuls kann so stark werden, dass es wehtut, und die wilde Kraft eines Wirbelsturms entfalten. Wer das erlebt, fühlt sich verständlicherweise hilflos und verängstigt.

Sie können lernen, mit der Energie, die in Ihrem Inneren brodelt, mitzugehen – mit dem Donner Ihrer Impulse, den Blitzen Ihrer Furcht, der beißenden Unsicherheit Ihrer Angst und den mächtigen Windstößen und Regengüssen, die Sie zur Flucht drängen. Dazu bedarf es eines gewissen Mutes. Üben Sie, dem Unwetter standzuhalten und damit ein Leben zu leben, das sich nicht dem Diktat der Angst beugt.

Alles geht vorüber

- Setzen Sie sich bequem hin und lassen Sie die Augen sanft zufallen. Nehmen Sie sich einen Moment Zeit, um den natürlichen Fluss Ihres Atems zu spüren.
- Rufen Sie sich dann eine kurz zurückliegende Situation ins Gedächtnis, in der Sie einen starken Drang verspürten, vor Ihrer Angst davonzulaufen. Stellen Sie sich die Situation so plastisch wie möglich vor. Wo waren Sie? Wer war noch anwesend? Was passierte?

Wie ging es Ihnen in dem Moment und was kommt jetzt wieder hoch, wenn Sie daran denken?

- Während Sie an die Situation denken, spüren Sie, wie der Sturm der Angst aufkommt. Nehmen Sie die intensiven Veränderungen in Ihrem Körper wahr, die sich einstellen, wie z.B. Schmerz, Druck oder andere unangenehme Empfindungen. Wie zuckende Blitze leuchten bestimmte Gedanken in Ihrem Bewusstsein auf. Manche davon betreffen möglicherweise Ihre Empfindungen und Gefühle. Was sagt Ihr Verstand über sie? Über die Situation? Über Sie selbst?
- Achten Sie als Nächstes auf die körperlichen Empfindungen, die mit dem Drang zum Handeln verbunden sind. Spüren Sie die ungestüme Energie dort, wo der strömende Regen versucht, Ihre Entschlossenheit und alles, was Ihnen wichtig ist, fortzuschwemmen. Fühlen Sie Druck, Engegefühl oder Anspannung? Wenn ja, wo genau in Ihrem Körper? Hat die Empfindung eine Form? Eine Farbe?
- Und jetzt lassen Sie einfach zu, dass sich das Gewitter austobt. Stellen Sie sich vor, dass Sie sich öffnen und mit weit ausgebreiteten Armen die unbändige Energie unter der Oberfläche Ihres Erlebens spüren. Wenn es geht, breiten Sie tatsächlich die Arme aus – so weit wie möglich. Öffnen Sie sich für das Erleben ohne jeden Versuch, es zu verändern, es zu bekämpfen oder zu unterdrücken, und ohne sich zu irgendeiner Handlung hinreißen zu lassen. Bleiben Sie einfach in Kontakt mit sich, lassen Sie die Arme ausgebreitet und schenken sich Verständnis und Freundlichkeit, so wie Sie es einem engen Freund oder einem geliebten Menschen gegenüber tun würden, dem es schlecht geht und der Ihre Hilfe braucht.
- Achten Sie darauf, wie die Gewitterfront schließlich langsam weiterzieht. Spüren Sie, wie es sich in Ihrem Inneren nach und nach wieder beruhigt und Stille einkehrt. Und während Sie in dieser Stille ruhen, schauen Sie, was sich für Sie verändert hat. Schauen Sie, ob Sie etwas Gutes für sich selbst oder Ihr Leben getan haben – auch wenn Sie dabei ängstlich wurden oder einen starken Drang hatten, wegzulaufen oder um sich zu schlagen.
- Zum Schluss zollen Sie sich Anerkennung für Ihre Bereitschaft zu dieser Übung und bekräftigen Sie den Vorsatz, weiterhin zu üben, Angstgewitter mit schwierigen Impulsen zuzulassen. Diese Fähigkeit ist eine wichtige Voraussetzung dafür, so zu leben, wie Sie es wollen.

Diese Übung zeigt Ihnen, dass Angst etwas ist, das von allein kommt und geht. Oft gibt es keine gesunde Möglichkeit, Ihr emotionales Wetter unter Kontrolle zu bekommen. Wie Sie allerdings mit Ihren Gefühlen umgehen, das liegt ganz an Ihnen. Jedes Gefühlsgewitter ist eine Gelegenheit zu üben, auch bei Auftreten intensiver Angst offen, achtsam und präsent zu bleiben. Dies wird Ihnen helfen, bei sich zu bleiben, wenn die Angst droht, Ihnen den Weg zu versperren. Üben können Sie jederzeit, wenn Sie merken, dass sich in Ihrem Inneren schmerzhafte Gefühle regen.

23
Die Angst entwaffnen

Angst kann so kräftezehrend sein, dass kaum genug Energie übrig bleibt, um ein aktives Leben zu führen. Wenn Sie sich durch Angst und Furcht blockiert fühlen, liegt das wahrscheinlich daran, dass das Monster gerade wieder Barrieren in Form von Gedanken, körperlichen Empfindungen, Vorstellungen oder Impulsen aufbaut, die Sie lieber nicht erleben würden. Deshalb kämpfen Sie dagegen an. Sie vermeiden. Sie leisten Widerstand. Vielleicht sind Sie versucht, ganz aufzugeben. Aber gerade diese Art des Umgangs mit Ihren Gefühlen lässt die Angst zu einem bedrohlichen Monster heranwachsen.

Bei der nächsten Übung lernen Sie, wie Sie das Angstmonster entwaffnen können, so dass es Sie nicht mehr daran hindern kann, das Leben zu führen, das Sie führen möchten. Sie üben, präsent zu sein, sich zu öffnen und einen freundlichen Umgang mit sich und Ihrem Erleben zu kultivieren. Es geht nicht darum, das Angstmonster ein für alle Male loszuwerden – das ist schlicht unmöglich. Es geht auch nicht darum, Ihren Kopf daran zu hindern, abwegige, beängstigende oder belastende Vorstellungen und bewertende Gedanken hervorzubringen. Vielmehr geht es darum, all dies anzunehmen, ohne es durch aktiven Widerstand noch weiter zu nähren.

Wie bei den anderen Übungen gibt es auch hier kein Richtig oder Falsch. Folgen Sie einfach der Anleitung, so gut Sie können.

Die Angst in ihre Einzelteile zerlegen

- Setzen Sie sich bequem hin und lassen Sie die Augen sanft zufallen. Atmen Sie einige Male ruhig ein ... und aus ... ein ... und aus.
- Schauen Sie, ob Sie einen Moment lang dem Angstmonster erlauben können, einfach da zu sein. Achten Sie darauf, dass das Monster aus vielen Teilen besteht – Gedanken, Bildern, körperlichen Empfindungen und Kampf- oder Fluchtimpulsen. Nehmen Sie es nun auseinander, Stück für Stück.
- Richten Sie Ihre Aufmerksamkeit nacheinander auf alle Bestandteile der Angst und schauen Sie, ob Sie ihnen erlauben können, einfach da zu sein. Öffnen Sie sich für jeden einzelnen von ihnen und heißen Sie ihn so gut wie möglich als Teil Ihrer Erfahrung willkommen. Ist irgendein Teil des Angstmonsters wirklich Ihr Feind?
- Am Ende dieser Übung stellen Sie sich folgende Frage: Bin ich bereit, liebevoll mit meinen Gedanken und Gefühlen und allem anderen, was in meinem Kopf und meinem Körper geschieht, umzugehen und es als Teil von mir zu akzeptieren? Und sind mir mein Leben und meine Werte wichtig genug, um das jetzt zu tun – und vielleicht immer wieder?
- Wenn Sie die Übung dann beenden möchten, dehnen Sie Ihre Aufmerksamkeit auf die Geräusche um sich herum aus und öffnen langsam wieder die Augen. Nehmen Sie sich vor, dem gegenwärtigen Moment und dem Rest des Tages mit dieser offenen Bewusstheit für alles zu begegnen, was Sie erleben.

Mithilfe dieser Übung erfahren wir, dass die Angst aus vielen kleinen Teilen besteht. Diese Einzelteile eins nach dem anderen anzuschauen, ist eine sehr wirksame Möglichkeit, der Angst etwas von ihrer Macht zu nehmen. Viele Bestandteile der Angst sind Ihnen ja vertraut und müssen gar nicht bekämpft werden. Das sogenannte Monster besteht aus Gedanken (Bildern, Erinnerungen, Worten), körperlichen Empfindungen und Handlungsimpulsen. Sind die Bestandteile dieser Mischung denn wirklich Feinde, die es zu bekämpfen gilt? Vielleicht ist ja die Angst überhaupt kein Monster.

24
Wer bin ich eigentlich?

Die meisten Menschen sind erst einmal verblüfft, wenn sie gefragt werden: „Wer bist du?“ Sie sagen dann vielleicht: „Ich heiße ...“. Sie zeigen auf ihren Körper. Oder sie verweisen auf die Rollen, die sie in ihrem Leben innehaben, ob als Mutter, Coach, Bauarbeiter, Rechtsanwalt, Rezeptionist oder Künstler. Aber sind wir das wirklich? Unser Körper? Unsere Rollen? Sind Sie beispielsweise noch derselbe Mensch, der Sie im Alter von sechs Jahren waren? Ein Erstklässler?

Wenn wir damit fortfahren, uns zu fragen: „Wer bin ich?“, antwortet unser Verstand möglicherweise mit Selbstbeschreibungen wie „Ich bin eine ziemlich ängstliche Frau“, „Ich bin ein netter Mensch“ oder „Ich bin nicht gut in Mathe“. Manchmal bestehen seine Antworten auch aus längeren Geschichten darüber, wie Sie zu dem Menschen wurden, der Sie heute sind.

Gegen das Erzählen von Geschichten ist nichts einzuwenden – solange man sich der Tatsache bewusst ist, dass es nur Geschichten sind. So glaubhaft sie auch erscheinen mögen, es sind und bleiben Geschichten – Worte über Sie, Ihre Vergangenheit und Ihre mögliche Zukunft, verfasst von Ihrem Verstand. In den Geschichten geht es möglicherweise um schwierige Ereignisse, die Sie durchgemacht haben. Wir behaupten nicht, dass Ihre Vergangenheit unwichtig wäre. Aber wir möchten Sie ermutigen, die Geschichten, die Ihr Verstand erzählt, kritisch zu beleuchten und sich zu fragen: „Sind diese Geschichten wirklich gerade hilfreich für mich?“

Nehmen Sie die Geschichten automatisch für bare Münze und richten Sie sich nach ihnen, können sie eine sehr schädliche Wirkung entfalten. Wenn Sie sich beispielsweise morgens sagen, dass Sie immer schon ein ängstlicher Mensch waren, und noch zehn Gründe dafür anführen, warum Sie so geworden sind, und dann nicht aus dem Haus gehen, weil Sie sich nach dem Aufwachen unruhig und ängstlich fühlten, dann ist es an der Zeit, innezuhalten und einmal Bilanz zu ziehen. Ist diese Geschichte eher förderlich oder hinderlich in Ihrem Leben? Hilft sie Ihnen dabei, sich auf das zuzubewegen, was Ihnen wichtig ist?

Vielleicht fragen Sie sich an dieser Stelle: „Wenn ich nicht mein Körper bin und auch nicht das, was ich denke, fühle oder mache, oder das, was andere über mich sagen, wer oder was bin ich denn dann eigentlich?"

Wer bin ich?

Schauen Sie sich einmal die folgenden Aussagen an. Was geht Ihnen durch den Kopf, wenn Sie die ersten vier Sätze lesen? Ergänzen Sie dann die letzten vier Aussagen mit schwierigen Beschreibungen, die Ihr eigener Verstand Ihnen immer wieder auftischt.

- Ich bin ein ängstlicher Mensch.
- Ich bin zu schüchtern.
- Ich bin jemand, der es nie schaffen wird.
- Ich bin nicht gut genug.

Ich bin ______________________________.

Ich bin ______________________________.

Ich bin ______________________________.

Ich bin ______________________________.

Haben Sie gemerkt, wie Ihr Verstand sofort angefangen hat, auf die Sätze einzugehen, ihnen zugestimmt oder sie abgelehnt hat, sie umformuliert oder eingeschränkt hat, sie verstärkt oder abgeschwächt hat, und so weiter? Ihr Verstand hat gelernt, auf „Ich bin" mit einer Aussage oder einer ganzen Geschichte zu reagieren. Es ist sein Job, eine Antwort zu geben, wenn man ihm Fragen stellt wie „Wer bin ich?" oder „Wieso kann ich nicht tun, was ich gern tun würde?" Es ist wichtig, sich das klarzumachen. Sie sind nicht das, was Ihr Verstand auf die Frage antwortet, wer Sie sind. Diese Antworten sind bloß Gedanken, nicht mehr und nicht weniger.

Die Frage „Wer bin ich denn wirklich?“ mit einem simplen, entwaffnenden „Ich bin“ zu beantworten, erlaubt Ihnen, all die wenig hilfreichen Antworten loszulassen, die Ihr Verstand Ihnen unaufhörlich vorsetzt. Es ist die leichteste und einfachste Möglichkeit, Gedanken über sich selbst, die Sie kein Stück weiterbringen, loszulassen. Keine Diskussionen mehr, keine Erklärungen, keine Rechtfertigungen. „Ich bin!“ In Kapitel 27 werden wir Ihnen eine einfache, wirksame Meditationstechnik vermitteln, die Ihnen helfen wird, dieses „Ich bin“ zu einer täglichen Erfahrung werden zu lassen.

25
Das umfassende Selbst

Es gibt einen wichtigen Unterschied zwischen Ihnen und Ihren schwierigen Gefühlen und Gedanken. Sie sind der Beobachter all dessen, was in Ihrem Kopf, Ihrem Körper und Ihrer Umwelt vorgeht. Aber das, was Sie denken, fühlen und empfinden, das sind nicht Sie. Sie *haben* Gedanken, Gefühle und Empfindungen, aber Sie *sind* das nicht. Sie sind auch nicht Ihre Angst. Sie mögen Angst *haben*, aber Sie *sind* nicht die Angst.

Es wäre unmöglich, einen Gedanken oder ein Gefühl zu beobachten, wenn man selbst dieser Gedanke oder dieses Gefühl wäre. Aber Sie sind in der Lage, Ihre Gedanken, Gefühle und Empfindungen so zu beobachten wie Dinge und Ereignisse in Ihrer Umgebung. Ihre Gedanken und Gefühle kommen und gehen von allein – so wie die Wolken am Himmel. Jeder Versuch, sie zu vertreiben oder festzuhalten, ist sinnlos. Aber Sie können lernen, sie zu beobachten, ohne eins mit ihnen zu werden.

Obwohl wir ständig irgendetwas wahrnehmen, was um uns herum passiert, *sind* wir nicht die Dinge, die wir sehen, schmecken, riechen, fühlen und hören. Wir beobachten sie bloß. Allerdings sind wir es nicht gewöhnt, unsere Gedanken und unser Gefühlsleben aus dieser Perspektive zu betrachten. Daher tappen wir in die Falle, zu glauben, wir wären, was wir denken und fühlen. Gerade das aber ist ein Nährboden für seelisches Leid.

Um ein Gefühl für das Beobachter-Selbst zu bekommen, hat sich unser australischer Kollege Russ Harris eine prägnante Wettermetapher einfallen lassen.

Der weite blaue Himmel

Ihr Beobachter-Selbst ist wie der Himmel. Ihre Gedanken und Gefühle sind wie das Wetter. Das Wetter ändert sich ständig, aber selbst wenn es sehr schlecht ist, kann es dem Himmel keinen Schaden zufügen. Kein noch so heftiges Gewitter, kein noch so wilder Orkan, kein noch so eisiger Schneesturm können dem Himmel etwas anhaben. Er hat genug Platz für jedes Wetter. Und wenn wir lange genug warten, werden wir früher oder später erleben, dass sich das Wetter wieder bessert. Manchmal vergessen wir, dass es den Himmel gibt, weil wir ihn durch all die dunklen Wolken nicht sehen können. Aber auch hinter den schwersten und dunkelsten Regenwolken erstreckt sich irgendwo ganz weit oben der klare Himmel. Und dieser Himmel ist nach allen Seiten offen. Er ist grenzenlos, hat keinen Anfang und kein Ende.

Ihr wahres Selbst ist der Himmel, nicht das Wetter. Wie der Himmel ist es weit und ohne Anfang und Ende. Die Meditation ist wahrscheinlich die effektivste und einfachste Möglichkeit, sich mit diesem Selbst als offenem, sicherem Raum in unserem Inneren zu verbinden. Aber Sie können diese Fähigkeit auch entwickeln, indem Sie bewusst die Perspektive wechseln.

Wenn Sie merken, dass Sie sich verschließen oder sich in schwierige Gedanken und Gefühle verstricken, machen Sie sich bewusst, dass Sie der Himmel sind, treten Sie einen Schritt zurück, so wie Sie vielleicht einen Schritt zurücktreten würden, um ein Auto zu betrachten, das Sie eventuell kaufen möchten, und schauen Sie sich die Gedanken und Gefühle aus dem sicheren Blickwinkel Ihres Beobachter-Selbst an. Von dort aus können Sie das Geschehen betrachten und auch den schwierigsten Gedanken und Gefühlen Raum geben – in dem Bewusstsein, dass sie Ihnen letztlich nichts anhaben können. Aus der Kultivierung des Beobachter-Selbst können Sie daher sehr viel an innerer Stärke und Freiheit gewinnen.

26
Annehmen, was ist

Eine wesentliche Quelle für Leid besteht darin, unbedingt mehr von etwas Bestimmtem haben zu wollen und weniger von etwas anderem. Das gilt gewiss auch für Sie, wenn Sie unter Ängsten leiden: Sie wollen weniger Angst und mehr innere Ruhe und Freude. Wenn Sie sich langweilen, wollen Sie mehr Aufregung. Wenn Sie unglücklich sind, wollen Sie mehr Glück.

Etwas zu wollen, geht immer von einem Mangel aus: Etwas fehlt oder ist nicht so, wie es sein sollte. Wenn Sie also andere Gedanken oder Gefühle wollen, sagt Ihr Verstand Ihnen im Grunde genommen, dass mit Ihnen etwas nicht stimmt. Das tut nicht nur weh, sondern ist auch ein Nährboden für Stress und innere Kämpfe.

An dieser Stelle ist es sehr hilfreich, Ihr Beobachter-Selbst zu stärken. Als Beobachter schauen Sie sich an, was gerade passiert, und lernen, Ihr inneres Erleben so anzunehmen, wie es ist, ohne es verändern zu wollen.

Wir haben die Möglichkeit, die eigene Erfahrung aus der Perspektive eines unparteiischen Beobachters zu betrachten, ohne uns für eine Seite entscheiden zu müssen. Ein Vergleich mit einem fiktiven Schachspiel kann dies sehr gut veranschaulichen.

Das Spiel spielen oder beobachten?

Stellen Sie sich ein Schachspiel vor. Die dunklen Figuren stehen für Ihre Ängste und all das, wodurch sie ausgelöst werden können. Die hellen Figuren stehen für Ihre typischen Gegenmaßnahmen – all die Dinge, die Sie tun, um die Angst unter Kontrolle zu bekommen.

Wenn also das dunkle Pferd angreift (z. B. „Ich werde gleich verrückt"), schwingen Sie sich auf das weiße Pferd, stürzen sich, ausgestattet mit Ihren Bewältigungsstrategien, in den Kampf und versuchen, das schwarze Pferd unschädlich zu machen: atmen ... sich ablenken ... positiv denken ... aufschieben ... die Situation verlassen ... aufgeben ... und so weiter.

Aber das hier ist kein normales Schachspiel. Es gibt keine zwei Spieler, die einander zu besiegen versuchen. In Wirklichkeit gibt es nur ein einziges Team: Sie! Alle Gedanken, Gefühle und Handlungen auf dem Brett sind *Ihre* Gedanken, Gefühle und Handlungen. Alle gehören sie zu Ihnen.

Das Spiel ist also gezinkt. Beide Seiten wissen immer, was die andere vorhat. Schlimmer noch: Egal, welche Seite gewinnt, ein Teil von Ihnen wird immer auf der Verliererseite stehen. Man kann kein Spiel gewinnen, in dem die eigenen Gedanken und Gefühle im Wettstreit miteinander liegen.

Treten wir einen Schritt zurück. Müssen Sie denn in diesem Spiel unbedingt die Schachfiguren sein? Oder ein Spieler, der um jeden Preis gewinnen will? Wäre es nicht eine große Erleichterung, das nicht zu sein? Was aber könnten Sie stattdessen sein?

Wie wäre es, wenn Sie das Brett wären? Als Brett sind Sie die Grundlage, auf der sich die Figuren bewegen. Dem Brett ist nicht wichtig, wer gewinnt oder verliert. Das Brett ergreift nicht Partei für eine der beiden Seiten, es mischt sich nicht ein. Es gibt dem Spiel nur den Raum, den es braucht, und lässt zu, dass es seinen Gang nimmt.

Als Brett werden Sie zum unparteiischen Beobachter Ihres Erlebens.

Die Vorstellung, ein Schachbrett zu sein, mag Ihnen sonderbar erscheinen, wenigstens zunächst. Aber im Laufe der Zeit wird es Ihnen zunehmend leichter fallen, diese Perspektive einzunehmen, und es wird Ihnen eine große Hilfe sein. Sie werden auf einer anderen, tieferen Ebene verstehen und erleben, wer Sie wirklich sind.

Aus der Perspektive des Bretts werden Sie sehen, dass Ihre Gedanken und Gefühle ständig kommen und gehen, sich von Moment zu Moment wandeln und ändern. Sie begleiten Sie eine Zeit lang und dann verlassen sie Sie wieder. Das Brett hingegen – Ihr Beobachter-Ich – ist und war immer da und ändert sich nicht, was auch immer in seiner Umgebung geschieht. Es verschafft Ihnen den Raum, frei zu wählen, wofür Sie sich einsetzen, was Sie loslassen und wofür Sie Ihre Zeit und Energie verwenden wollen. Zu lernen, die Perspektive des Brettes einzunehmen, wird der Angst ihre Macht nehmen und Ihnen zu größerem innerem Frieden verhelfen!

27
Die Geschichten loslassen

Der Verstand ist eine hoch entwickelte Geschichtenerzählmaschine. Manche Geschichten, die er erzählt, sind hilfreich, manche auch unterhaltsam. Aber manchmal engen die Geschichten uns ein und verstärken unser Leid und das Gefühl festzustecken.

Eine Möglichkeit, um selbstbeschränkende Gedanken und Geschichten hinter sich zu lassen, besteht darin, die Vorstellung aufzugeben, man sei, was man denkt und fühlt. Hier helfen Beobachter-Selbst, Achtsamkeit und Selbstmitgefühl. Sie müssen bereit sein, die Geschichten und Beurteilungen loszulassen, die mit „Ich bin" anfangen, so wie Sie es in Kapitel 24 getan haben.

„Ich bin ängstlich" wird zu einem Gedanken, den Sie zur Kenntnis nehmen. Dann fragen Sie sich, ob dieser Gedanke Ihnen wirklich weiterhilft in Ihrem Leben. Wenn nicht, halten Sie inne und richten Ihre Aufmerksamkeit auf das Beobachter-Selbst. „Ich bin." Punkt. Was nach dem „Ich bin" folgt, sind Worte – hervorgebracht von Ihrem Verstand, der gerade einmal wieder eine Geschichte erzählt.

Aber um mit Ihrem Ich in Kontakt zu treten, Ihrem wahren beständigen Selbstgefühl, müssen Sie tiefer gehen, als Worte und Geschichten es tun. Unter der Oberfläche finden Sie Ihr Beobachter-Selbst, das Selbst, das immer bei Ihnen war und ist. Es war schon da, als Sie noch gar keine Worte hatten, um sich zu beschreiben. Es war gestern da und wird morgen da sein. Es ist Ihre Zuflucht, sicher und beständig.

Es gibt einen Raum in Ihnen, einen Ort der Stille tief in Ihrem Inneren, der darauf wartet, dass Sie mit ihm in Verbindung treten. Das Wissen aus Jahrtausenden und nun auch die wissenschaftliche Forschung sprechen dafür, dass Meditation ein effektiver Weg ist, diesen sicheren, unversehrten und ursprünglichen Teil von Ihnen erfahrbar zu machen. Im Folgenden möchten wir Ihnen eine sehr alte Form von Meditation vorstellen, die Sie mit Ihrem Beobachter-Selbst in Kontakt bringt und Ihnen hilft, all die wenig hilfreichen Geschichten loszulassen, die mit „Ich bin“ anfangen.

Die folgende Übung, das Meditieren mit dem Ich-bin-Mantra, besteht darin, dass Sie einen einfachen Satz (das Mantra) ständig wiederholen. Mithilfe dieser Meditation lösen Sie sich von den Geschichten, die sonst auf das „Ich bin“ folgen. Während Sie das Mantra still vor sich hin sagen, wird sich Ihr Geist ganz natürlich und mühelos nach innen richten und unterhalb einer blubbernden Oberfläche an einem Ort des reinen Bewusstseins und der Stille zur Ruhe kommen. Die Übung führt Sie über das unaufhörliche Geplapper Ihres Verstandes hinaus und vermittelt Ihnen die Erfahrung von Stille und reinem Bewusstsein – Ihr wahres Selbst.

Zunächst wird dieses Selbst nur in kurzen Momenten aufscheinen, aber mit der Zeit werden Sie bloß noch die Augen schließen und sanft das Mantra in Ihrem Kopf aufsagen, um Ihren Geist zu beruhigen. Bei regelmäßiger Anwendung wird diese einfache Meditation eine starke Wirkung entfalten und wichtige Veränderungen anstoßen.

Lesen Sie die Anleitung mindestens zweimal sorgfältig durch, bevor Sie beginnen. Machen Sie sich bewusst, worauf Sie achten müssen. Schließen Sie dann die Augen und beginnen mit der Meditation.

Zunächst sollten Sie mindestens zehn Minuten lang meditieren. Wenn Sie möchten, können Sie dann die Dauer nach und nach auf zwanzig Minuten erhöhen.

Meditieren mit dem Ich-bin-Mantra

- Finden Sie eine bequeme Sitzposition. Sitzen Sie aufrecht und lassen die Hände im Schoß ruhen. Ihre Beine können gekreuzt oder ungekreuzt sein. Schließen Sie sanft die Augen.
- Lassen Sie Ihren Atem einfach fließen, ohne ihn beeinflussen zu wollen.
- Nach zwanzig bis dreißig Sekunden beginnen Sie, das Mantra „Ich bin“ zu denken, ohne sich unter Druck zu setzen oder anzustrengen. Wiederholen Sie das Mantra still für sich, ohne dabei besonders auf Tempo, Rhythmus oder Klang zu achten.

- Nach einer Weile werden Sie Gedanken, Bilder oder vielleicht auch körperliche Empfindungen bemerken. Versuchen Sie nicht, sie wegzudrängen. Erlauben Sie dem jeweiligen Gedanken, dem Bild oder der Empfindung, einfach da zu sein. Wenn Sie feststellen, dass Sie nicht mehr das Mantra denken, kehren Sie gelassen und freundlich dazu zurück und wiederholen sanft und still: „Ich bin … ich bin …". Immer wenn Sie zum Mantra zurückkommen, tun Sie dies besonders freundlich, auf eine zarte und behutsame Art.
- Das Mantra kann sich in mehrfacher Hinsicht verändern. Das ist in Ordnung. Es kann schneller werden oder langsamer, lauter oder leiser, kraftvoller oder schwächer. Vielleicht bleibt es auch gleich. Versuchen Sie nicht, einen Rhythmus daraus zu machen oder es Ihrem Atem anzupassen. Nehmen Sie es auf jeden Fall so, wie es kommt, streben Sie keine Änderung an, aber sträuben Sie sich auch nicht dagegen. Gehen Sie mit Leichtigkeit an die ganze Übung heran.
- Fahren Sie damit etwa zehn bis zwanzig Minuten fort.
- Hören Sie dann auf, das Mantra zu denken, und nehmen Sie sich ein wenig Zeit, um die Stille und Ruhe auf sich wirken zu lassen. Bleiben Sie noch zwei oder drei Minuten mit geschlossenen Augen sitzen. Öffnen Sie dann die Augen und setzen Ihre üblichen Aktivitäten fort.

Wir empfehlen Ihnen, die Meditation mit dem Ich-bin-Mantra zweimal täglich durchzuführen. Täglich zu meditieren, ist eins der wichtigsten und wirksamsten Dinge, die Sie tun können, um seelisch zu gesunden und zu wachsen. Wir wissen dies aus eigener persönlicher Erfahrung. Außerdem liegen auch zahlreiche Forschungsergebnisse vor, die diese Erkenntnis untermauern. Diese Meditation wird Ihnen helfen, einen Abstand zwischen Ihrem wahren Selbst und den Gedanken und Gefühlen herzustellen, die Ihnen manchmal das Leben schwermachen. Ehe Sie mit dem Meditieren anfangen, lesen Sie bitte die kurze Anleitung noch einmal durch.

28 Das Verhalten zählt

Mit Verhalten ist alles gemeint, was Sie mit Ihrem Mund, Ihren Händen und Ihren Füßen tun können. Unter Angst reagieren Sie wahrscheinlich mit Verhaltensweisen, die darauf gerichtet sind, die Angst abzuschwächen, sie loszuwerden oder sich vor ihr in Sicherheit zu bringen. Möglicherweise ist Ihnen gar nicht bewusst, dass Sie selbst entscheiden, was Sie tun und lassen. Es liegt in Ihrer Macht, anders auf Ihre Ängste zu reagieren. Und nur wenn Sie lernen, sich anders zu verhalten, können Sie sich aus den Fängen der Angst befreien.

Angenommen Sie befinden sich in einem Einkaufszentrum und merken, dass sich eine Panikattacke anbahnt. Sie unternehmen etwas dagegen. Vielleicht nehmen Sie eine von den Beruhigungspillen, die Sie immer dabeihaben, und begeben sich dann zum Ausgang. Dies sind zwei Verhaltensweisen.

Aber Sie könnten auch etwas anderes tun. Anstatt wegzulaufen, könnten Sie auch bleiben, das anwenden, was Sie mithilfe dieses Buches gelernt haben, und Ihren Fokus darauf richten, was Ihnen wirklich wichtig ist. Wenn Sie zittrig werden, könnten Sie sich setzen oder an eine Wand lehnen, beobachten, was in Ihrem Körper passiert und was Ihr Verstand Ihnen sagt, und dann zulassen, dass sich das Gewitter austobt, wie Sie es in Kapitel 22 getan haben. Und dann könnten Sie aufstehen und Ihrer Tochter die Schuhe kaufen, die Sie ihr versprochen haben.

In beiden Szenarien tun Sie etwas. Und mit dem, was Sie tun, definieren Sie auf ganz konkrete Weise, wer Sie sind und worum es in Ihrem Leben geht. Die folgende Vorstellungsübung soll Ihnen diese grundlegende Wahrheit näherbringen.

Sie haben die Wahl

Stellen Sie sich vor, auf Ihrer Reise durchs Leben fahren Sie auf einer langen Straße auf einen Berg zu – nennen wir ihn den „Berg der Werte". Dieser Berg steht für alles, was für Sie im Leben wichtig ist und wie Sie als Mensch sein wollen. Das ist die Richtung, in die es gehen soll.

Sie fahren also fröhlich vor sich hin, als plötzlich die Angst vor Ihnen auf die Straße springt und den Weg versperrt. Sie treten auf die Bremse und biegen rechts ab, um der Angst auszuweichen. Dadurch landen Sie in einem „Kontroll- und Vermeidungskreisverkehr", in dem Sie jetzt eine Runde nach der anderen drehen – in der Hoffnung, dass die Angst irgendwann den Weg wieder freigibt. Und währenddessen verstreicht kostbare Lebenszeit.

Das passiert, wenn Sie gegen unangenehme Gedanken und Gefühle ankämpfen. Sie haben den Eindruck festzustecken, sich im Kreis zu drehen und weit davon entfernt zu sein, so zu leben, wie es Ihnen eigentlich vorschwebt. Ein Leben im „Kontroll- und Vermeidungskreisverkehr" ist nicht das, was Sie sich vorgestellt haben. Und trotzdem kann es leicht passieren, da hineinzugeraten. Vielen Leuten geht es so.

Aber so muss es nicht weitergehen. Sie können anders auf Ihre Angst reagieren. Anstatt abzubiegen, können Sie Ihre Fahrt auf der Straße in Richtung Ihrer Werte fortsetzen und die Angst auf die Reise mitnehmen. Anstatt gegen sie anzukämpfen oder ihr auszuweichen, treffen Sie die Wahl, zusammen mit ihr weiterzufahren. Der Preis, den Sie dafür bezahlen müssten, einfach so weiterzumachen wie bisher, ist einfach zu hoch.

Die erste und wichtigste Aufgabe besteht darin, eine Wahl zu treffen – nämlich die, Ihre Fahrt fortzusetzen, wenn die Angst versucht, Ihnen den Weg zu versperren. Die zweite besteht darin, bereit zu sein, Ihre Gedanken und Gefühle auf diese Fahrt mitzunehmen. Beides zusammen ist die Voraussetzung dafür, sich nicht mehr im Kreis zu drehen.

Die Summe der Auswirkungen Ihrer Entscheidungen und Handlungen bestimmt, wie Ihr Leben aussehen wird. Alles, was Sie von diesem Augenblick an tun, trägt etwas dazu bei. So gestalten Sie Ihre Lebensrealität und das, was Sie eines Tages hinterlassen werden. Es geht um etwas!

29 Leidenschaften entdecken

Was ist wichtig für Sie, was zählt? Sind Sie sich darüber eigentlich im Klaren? Falls nicht, dann ist jetzt der Moment gekommen, es herauszufinden.

Unsere Zeit auf dieser Erde ist begrenzt. Leider kämpfen sich viele von uns mechanisch durch ihre Tage, ohne jemals innezuhalten, um einen kritischen Blick darauf zu werfen, womit sie ihre Zeit verbringen, und sich einmal zu fragen: „Soll so wirklich mein Leben aussehen?" Viele Leute machen sich solche Gedanken erst, wenn es zu spät ist, noch irgendetwas zu ändern. Passen Sie auf, dass es Ihnen nicht auch so ergeht.

Wir alle wissen: Vor dem Tod gibt es kein Entrinnen. Es liegt in der Regel nicht in unserer Hand, zu entscheiden, wann oder wie wir sterben. Darüber haben wir keine Kontrolle, wohl aber darüber, wie wir unser Leben gestalten.

Verschiedenen Erfahrungsberichten aus erster Hand können wir entnehmen, dass etwas sehr Tiefgreifendes passiert, wenn Menschen dem Tode nahe waren und dann doch weitergelebt haben. Die Konfrontation mit dem Tod zwingt Menschen, aufzuwachen und Bilanz zu ziehen. Die Prioritäten werden neu gesetzt. Alte Gewohnheiten und Beschäftigungen, die vorher ungeheuer wichtig waren, sind es auf einmal überhaupt nicht mehr. Stattdessen werden nun Zeit, Energie und andere Ressourcen für Dinge verwendet, die wirklich zählen. Solche Dinge sind es, derentwegen man sich eines Tages an sie – an uns alle – erinnern wird.

Es folgt nun eine aus zwei Teilen bestehende Übung, die Ihnen helfen soll, sich bewusst zu machen, wofür Ihr Leben stehen soll. Diese Übung mag Ihnen ein bisschen merkwürdig und makaber vorkommen, sie kann aber eine starke Wirkung entfalten. Nehmen Sie sich etwas Zeit dafür.

Die Anti-Angst-Grabinschrift

Überlegen Sie einmal: Welche Grabinschrift würde Ihr Leben treffend beschreiben, wenn Sie heute sterben würden? Wie würde sie lauten, wenn es darum ginge, zu beschreiben, was Sie alles gegen Ihre Angst getan haben? Was ist aus Ihnen geworden, während Sie Ihr Leben in den Dienst des Kampfes gegen die Angst gestellt haben? Denken Sie an all die Strategien und Maßnahmen, mit denen Sie versuchen, die Angst in Schach zu halten. Machen Sie sich bewusst, was Sie dadurch in Ihrem Leben alles verpassen. Überlegen Sie, was Sie alles zu sich selbst oder zu anderen sagen und was Sie mit Ihren Händen und Füßen tun, bevor, während oder nachdem Sie Angst gehabt haben. Wenn Sie möchten, nehmen Sie ein Blatt Papier zur Hand und erstellen Sie eine Liste.

Bei diesem Teil der Übung sollen Sie sich damit konfrontieren, welche Folgen es hat, wenn Sie Ihr Leben darauf ausrichten, möglichst keine Angst zu haben. Es ist uns klar, dass das nicht leicht für Sie ist, vielleicht sogar ein wenig deprimierend.
Der nächste Teil ist dagegen wieder etwas erbaulicher. Sie sollen nämlich eine weitere Grabinschrift verfassen, dieses Mal jedoch eine, die Sie gerne lesen würden und die ein Leben beschreibt, in dem der Kampf gegen die Angst keine Zeit und Energie verschlungen hat. In dieser Grabinschrift kommt all das zum Ausdruck, was Ihnen wirklich wichtig ist und wofür Sie gerne mit Ihrem Leben stehen möchten. Es ist Ihre Wertebewusstes-Leben-Grabinschrift.

Wertebewusstes-Leben-Grabinschrift

Stellen Sie sich vor, Sie könnten ein Leben führen, das völlig frei wäre von jedem Kampf gegen Ängste und Sorgen. Wäre das nicht großartig? Was würden Sie tun? Was für ein Mensch wären Sie?

Malen Sie sich aus, wie Sie vor Ihrem Grab stehen und den Grabstein betrachten. Noch ist er leer. Es gibt noch keine Inschrift, keine Worte, die etwas über Ihr Leben sagen. Was würden Sie gerne auf Ihrem Grabstein lesen?

Überlegen Sie sich ein paar kurze Sätze, in denen zum Ausdruck kommt, was für eine Art von Leben Sie führen möchten. Wofür soll man

Sie in Erinnerung behalten? Was hätten Sie mit Ihrer Zeit und Ihrer Energie angefangen?

Nehmen Sie sich ruhig etwas Zeit, um über diese wirklich wichtigen Fragen nachzudenken. Wenn Sie eine Antwort finden – oder mehr als eine –, schreiben Sie sie auf. Es gibt keine Beschränkung für die Dinge, derentwegen man Sie in Erinnerung behalten soll. Denken Sie groß.

Diese Übung ist kein reines Gedankenspiel. Es liegt tatsächlich an Ihnen, wie man sich eines Tages an Sie erinnern wird und wofür Ihr Leben gestanden hat. Es hängt von dem ab, was Sie jetzt tun, von Ihren Entscheidungen und Ihren Handlungen. Auf diese Weise schreiben Sie selbst an Ihrer Grabinschrift.

Wenn Sie fertig sind, vergleichen Sie die beiden Grabinschriften einmal miteinander. Welche bringt zum Ausdruck, wofür Ihr Leben stehen soll? Welche ist die lebensbejahende und die, die zu dem Menschen passt, der Sie sein wollen?

Wir können nachvollziehen, wie sehr Ihnen daran gelegen ist, Ihre Angst in den Griff zu bekommen. Aber möchten Sie wirklich, dass irgendwann auf Ihrem Grabstein steht: „Hier ruht ..., die ihr Leben lang versucht hat, ihre Angst in den Griff zu bekommen“ oder „Hier liegt ...., der nun endlich angstfrei ist“? Wenn Sie diese Aussicht nicht besonders erfreulich finden, sind Sie in guter Gesellschaft. Wir haben diese Übung mit vielen anderen Menschen gemacht, die in einer ähnlichen Situation waren wie Sie. Und niemand hat sich so etwas auf seinem Grabstein gewünscht.

Was hat es zu bedeuten, wenn auf Grabsteinen oder in Grabreden Angst fast immer unerwähnt bleibt? Vielleicht ist das Ziel, die Angst loszuwerden – an dem Sie so hart arbeiten –, gar nicht mehr so wichtig, wenn man das große Ganze in den Blick nimmt. Jede Minute, die Sie darauf verwenden, Ihre Angst in den Griff zu bekommen, bedeutet eine Minute weniger Zeit dafür, etwas zu tun, was Ihnen wirklich am Herzen liegt.

Kurzum: Der Kampf gegen die Angst entfernt Sie von einem Leben, das Ihnen etwas bedeuten könnte. Wenn Sie noch nicht tun, was der Mensch, der Sie gerne wären, tun würde, dann ist jetzt der Moment, damit anzufangen. Leben Sie so, wie Sie es wollen, und tun Sie die Dinge, die Ihnen wichtig sind. Entscheiden Sie sich für ein wertebewusstes Leben.

30 Den eigenen Polarstern finden

Auf hoher See haben sich Seeleute Tausende von Jahren lang auf den Polarstern verlassen. Sie lernten, wie man ihn am Nachthimmel finden und zur Orientierung nutzen kann. Viele Seefahrer tun dies bis zum heutigen Tag.

Sie müssen nicht oben am Himmel etwas suchen, um sich daran zu orientieren, sondern können etwas nutzen, was es hier auf der Erde gibt, nämlich Ihre persönlichen Wertvorstellungen. Wie der Nachthimmel sich um den Polarstern zu drehen scheint, so sind Ihre Werte der Punkt, um den herum sich Ihr Leben drehen kann. Werte bieten jedem von uns ein Gefühl von Richtung, Bedeutung und Sinnhaftigkeit. Wenn es im Leben stürmisch und schwierig wird, helfen einem die Werte, Kurs zu halten. Ohne ein klares Verständnis dafür, was wirklich zählt, verliert man irgendwann die Orientierung, die Richtung und schließlich auch die Hoffnung.

Sich seine Werte bewusst zu machen ist daher ein sehr wichtiger Schritt auf dem Weg dahin, das Leben zu führen, das man leben möchte, und der Mensch zu werden, der man sein will. Haben Sie sich Klarheit darüber verschafft, worauf es Ihnen wirklich ankommt, können Sie stets auf Ihre Werte zurückgreifen. Diese sind und bleiben der Polarstern, der Ihnen zeigt, was in Ihrem Leben wirklich wichtig ist.

Mein(e) Polarstern(e)

- Stellen Sie sich vor, Sie könnten alles Mögliche mit Ihrer Zeit anfangen, es gäbe keine Beschränkungen. Schließen Sie einen Moment die Augen und fragen Sie sich: „Wenn Ängste und Sorgen kein Problem für mich wären, was würde ich dann jetzt gerade am liebsten tun?“

- Wenn Sie festgelegt haben, was Sie tun würden, öffnen Sie die Augen wieder und notieren Sie stichwortartig Ihre Antwort.
- Was bedeutet Ihnen diese Aktivität, wofür steht sie? Ist es Freiheit? Oder ein stärkeres Gefühl von Verbundenheit mit anderen Menschen? Oder vielleicht Kreativität, Familiensinn, Selbstentfaltung, Lernen, Wachstum? Hören Sie darauf, welche Antwort Ihr Herz gibt!
- Fassen Sie das, worum es Ihnen bei dieser Aktivität geht, in einem Wort zusammen. Das ist Ihr Polarstern.

Wiederholen Sie diese Übung so oft Sie mögen, empfehlenswert sind in der Regel etwa fünf bis zehn Durchgänge. Kommen Sie auch ruhig an einem anderen Tag noch einmal darauf zurück. Lassen Sie sich dabei jedes Mal andere Dinge einfallen, mit denen Sie gern Ihre Zeit verbringen würden, und suchen Sie auch nach ein oder zwei neuen Wörtern, mit denen Sie auf den Punkt bringen, um welche Werte es dabei geht. Irgendwann werden Sie auf diese Weise zu einer Liste Ihrer persönlichen Werte kommen. Es gibt keinen Grund zur Eile. Nehmen Sie sich ruhig etwas Zeit und hören Sie genau hin, was Ihr Herz Ihnen über Ihre Wünsche, Träume und tiefsten Sehnsüchte zu sagen hat.

31 Die richtigen Türen öffnen

Wenn wir von Werten sprechen, geht es um zwei Dinge. Erstens um das, was Ihnen ganz persönlich wichtig ist. Und zweitens darum, wie Sie das, was Ihnen wichtig ist, in Ihrem Leben zur Geltung bringen. Dieser zweite Aspekt ist entscheidend, denn Ihre Werte drücken sich in Ihren Handlungen aus, in dem, was Sie mit Ihrem Mund, Ihren Händen und Ihren Füßen tun.

Vielleicht glauben Sie beispielsweise, Sie sollten eine gute Mutter bzw. ein guter Vater sein. Wenn sich dies aber nicht auch in Ihrem Handeln niederschlägt, dann ist Ihr Glaube nicht mehr als das – Gedanken, die in Ihrem Kopf herumschwirren. Wenn Sie Ihre Werte mit Leben füllen wollen, müssen Sie sich Ihr Handeln in der Elternrolle anschauen. Fragen Sie sich: „Was für eine Art von Mutter oder Vater möchte ich sein? Wie sähe das konkret aus?" Das Gleiche gilt, wenn Sie z. B. Wert darauf legen, anderen zu helfen. Dann sollten Sie nach konkreten Möglichkeiten suchen, so zu handeln, dass andere etwas davon haben. Wenn Sie Ihre Werte nicht in Handeln umsetzen, bleiben sie belanglose Gedankenspielereien. Überzeugungen oder moralische Vorstellungen ohne entsprechendes Handeln sind leere Worthülsen. Sie hören sich vielleicht gut an, mehr aber auch nicht.

Wenn Sie sich mit Ihren persönlichen Werten beschäftigen, sollten Sie sich Zeit nehmen, darüber nachzudenken, was Ihnen im Leben wirklich wichtig ist und was für ein Mensch Sie sein möchten. Ihre Antworten auf diese Fragen führen Sie zu dem, was Ihr Leben lebenswert macht, was Sie hegen und pflegen wollen und was Sie nötigenfalls auch schützen und verteidigen würden.

Die Werte in den Mittelpunkt stellen

Nehmen Sie sich noch einmal die Polarsterne vor, die Sie im vorigen Kapitel benannt haben. Sie können sicher sein, dass es sich dabei um einen persönlich relevanten Wert handelt, wenn Sie die folgenden Fragen mit Ja beantworten können.

1. Bedeutet mir dieser Polarstern etwas?
2. Tu ich es für mich? Wenn niemand etwas davon erfahren würde, wäre es mir trotzdem noch wichtig? (Oder tu ich es, weil ich es tun soll, weil andere es von mir erwarten oder um von anderen Anerkennung zu bekommen?)
3. Liegt es in meiner Macht, es zu tun? (Sie haben ja nur Kontrolle darüber, was Sie selbst sagen oder tun, nicht darüber, was andere sagen oder tun.)
4. Kann ich irgendetwas daraus ziehen – Freude, Zufriedenheit, ein Gefühl von Lebendigkeit und Erfüllung? (Werte sollten einem eine gewisse Befriedigung verschaffen können, selbst wenn die Umsetzung mit Schwierigkeiten verbunden ist.)
5. Ist es etwas, das ich nicht auf eine To-do-Liste setzen und irgendwann abhaken kann? (Werte sind eher wie eine Reise, die immer weitergeht, nicht wie ein Ziel, das man irgendwann erreicht und das dann keine Rolle mehr spielt.)
6. Bin ich bereit, mein Handeln an diesem Wert auszurichten, auch wenn ich weiß, dass ich nicht immer erreiche, was ich will?

Leben ist Energie – und diese Energie ist ein kostbares Geschenk. Sie entscheiden, ob Sie Ihre Energie für das verwenden möchten, was Ihnen wirklich am Herzen liegt. Oder ob Sie sie vergeuden mit Dingen, die Sie letztlich nur von dem Leben, das Sie eigentlich wollen, abhalten. Ihre Werte können Ihnen Orientierung geben. Nehmen Sie sich daher Zeit, um sich darüber Gedanken zu machen, was Ihnen wichtig ist und was für eine Art Leben Sie von jetzt an führen wollen. Fragen Sie sich: Wie kann ich meine Zeit und meine Energie gut und sinnvoll nutzen? Das zu tun, liegt in Ihrer Macht!

32 Kluge Entscheidungen treffen

Das bekannte Gelassenheitsgebet appelliert an uns, zu akzeptieren, was nicht zu ändern ist, und ermutigt uns gleichzeitig, zu ändern, was geändert werden kann. Die einzige Voraussetzung dafür ist, bereit zu sein, zu fühlen, was es zu fühlen gibt. Es steckt eine große Weisheit in dieser Erkenntnis, aus diesem Grund ist sie so beliebt. Andererseits kann sie auch Quelle für Frustration sein, denn woher sollen wir eigentlich wissen, was geändert werden kann und was nicht?

Wahrscheinlich ist Ihnen mittlerweile klar geworden, dass Sie nicht besonders viel Kontrolle über Ihre Angst haben. Das sagt Ihnen schon Ihre Erfahrung – und der dürfen Sie ruhig trauen.

Kontrolle haben Sie jedoch darüber, wie Sie mit Ihrer Angst umgehen. Sie können sich gegenüber dem Erleben von Angst oder jedem anderen Gefühl, gegen das Sie sonst eher ankämpfen, öffnen und es zulassen. Sie können sich für Bereitschaft entscheiden, denn ob Sie bereit sind oder nicht, zu fühlen, was Sie fühlen – das unterliegt sehr wohl Ihrer Kontrolle. Bereitschaft ist der Schlüssel, der viele Türen öffnen kann und es Ihnen ermöglicht, ein vitales und erfülltes Leben zu führen, in der die Angst keine Macht über Sie hat. Die folgende Vorstellungsübung hilft Ihnen, mit dieser Wahrheit in Berührung zu kommen.

Bereitschaft eröffnet Möglichkeiten

Stellen Sie sich zwei Schalter vor. Sie sehen aus wie Lichtschalter, die entweder ein- oder ausgeschaltet sein können. Der eine ist der Angstschalter, der andere der Bereitschaftsschalter. Als Sie mit dem Lesen dieses Buches angefangen haben, hegten Sie wahrscheinlich die

Hoffnung, eine Möglichkeit zu finden, den Angstschalter auszuschalten, aber diese Hoffnung hat sich als trügerisch erwiesen. Der Ein- und Ausschalter der Angst funktioniert nicht – hat es nie und wird es wahrscheinlich auch nie. Sie müssen uns das nicht glauben. Schauen Sie sich einfach Ihre eigene Erfahrung an. Niemand schafft es, den Angstschalter umzulegen, nicht vorübergehend und nicht auf Dauer.

An dieser Stelle möchten wir Ihnen ein Geheimnis verraten. Der Bereitschaftsschalter ist der wichtigere von den beiden, da Sie nur mit seiner Hilfe wirklich etwas in Ihrem Leben verändern können. Der Angstschalter funktioniert nicht, der Bereitschaftsschalter schon. Er lässt sich ein- und ausschalten. Ihre Emotionen werden mehr oder weniger von allein aufkommen und wieder abklingen. Aber was auch immer Sie gerade fühlen – Ihren Bereitschaftsschalter können Sie jederzeit einschalten.

In puncto Bereitschaft sind Sie nicht hilflos oder ohnmächtig, denn diesen Schalter kontrollieren Sie mit Ihren Handlungen, Ihrem Verhalten. Hier können Sie eine Antwort geben, sind verantwortlich, also in der Lage, etwas zu tun. Es liegt an Ihnen, zu entscheiden, ob Sie den Bereitschaftsschalter ein- oder ausschalten.

Wir wissen nicht, was mit Ihrer Angst passiert, wenn Sie Ihre Bereitschaft einschalten. Aber eins wissen wir: Sie *können* ihn einschalten, wenn Sie die Wahl treffen, es zu tun. Und dann werden bestimmte Dinge in Ihrem Leben möglich. Sie können anfangen zu tun, was Sie wirklich wollen, und sich auf den Weg machen in die Richtung, die Ihre Werte vorgeben, so wie Sie sie in der Übung mit der Grabinschrift formuliert haben.

Bereitschaft bedeutet nicht, die Angst einfach zu ignorieren. Wir wollen Sie nur dazu ermutigen, Ihre Aufmerksamkeit zu verlagern – weg von dem, worüber Sie sowieso keine Kontrolle haben, und hin zu dem, was in Ihrer Macht liegt.

33
Tun, nicht versuchen

„Ich werds versuchen“, sagen viele Leute uns als Erstes, wenn es um die Frage nach ihrer Bereitschaft im Umgang mit Gefühlen geht. Aber damit ist das Scheitern quasi schon vorprogrammiert. Auch Sie sagen sich vielleicht: „Ich versuchs“, wenn Sie daran denken, was Sie das nächste Mal tun werden, wenn Sie Angst bekommen. „Ich versuche mal, meiner Angst mit Bereitschaft zu begegnen und mich anders zu verhalten als sonst.“ Und wenn es dann nicht klappt, sagen Sie sich vielleicht: „Ich habe versucht, arbeiten zu gehen. Ich habe mir wirklich Mühe gegeben, es zu versuchen, aber ich konnte es einfach nicht. Meine Angst war zu groß. Daher bin ich dann doch zu Hause geblieben.“

Die folgende kleine Übung zeigt auf eindrückliche Weise, dass Bereitschaft eine Sache von alles oder nichts ist. Entweder man ist bereit oder man ist es nicht. Man kann nicht wirklich versuchen, etwas zu tun. Und man kann auch nicht versuchen, bereit zu sein.

Der Stift-Versuch

Setzen Sie sich an einen Tisch und legen Sie einen Stift vor sich hin. Und jetzt versuchen Sie bitte einmal, den Stift in die Hand zu nehmen. Geben Sie sich Mühe, es zu versuchen. Legen Sie los. Haben Sie den Stift in die Hand genommen? Halt! Das war nicht das, was Sie tun sollten. Wir haben Sie gebeten zu *versuchen*, ihn in die Hand zu nehmen.

Nach einer Weile werden Sie vermutlich denken: „Das geht einfach nicht. Entweder ich nehme den Stift in die Hand oder ich lasse es.“ Sie haben völlig recht. Es ist nicht möglich, zu versuchen, den Stift in die Hand zu nehmen, und ihn gleichzeitig tatsächlich in die Hand zu nehmen.

Sie werden bemerkt haben, dass Sie an einem bestimmten Punkt nicht weiterkamen. Ihre Hand schwebte über dem Stift, wenn Sie nur versuchten, nach ihm zu greifen. Genau das passiert, wenn man versucht, irgendetwas zu tun. Man schwebt über den Dingen seines Lebens und tut nicht, was man tun will – ob man nun versucht, sich gesünder zu ernähren, versucht, sich mehr zu bewegen, versucht, seine Arbeit besser zu machen, versucht, liebevoller in seiner Beziehung zu sein, versucht, einfühlsamer mit seinen Kindern umzugehen, versucht, ein besserer Zuhörer zu werden, oder versucht, sich seiner Angst zu stellen. Dinge zu versuchen, führt zu einem Schwebezustand, einer Lähmung, man bleibt blockiert.

„Versuchen“ ist im Grunde genommen gleichbedeutend mit „nicht tun“. Zuerst müssen Sie sich entscheiden, ob Sie bereit sind, etwas zu tun. Wenn Sie vollständig bereit sind – und nicht nur ein bisschen –, dann schreiten Sie zur Tat. Wenn Sie nicht bereit sind, dann lassen Sie es. Vergessen Sie nicht: Bereitschaft hat einen Ein-aus-Schalter – und keinen Regler, den man ein bisschen höher oder niedriger einstellen kann.

Die Verantwortung dafür, ob Sie Ihren Bereitschaftsschalter ein- oder ausschalten, liegt ganz bei Ihnen. Es ist an der Zeit, dieser schlichten Wahrheit ins Gesicht zu sehen. Ihr Verhalten ist etwas, das Sie unter Kontrolle haben – auch in Anwesenheit intensiver Gefühle wie z. B. Angst. Das sind gute Nachrichten.

Sie müssen sich nicht *bereit fühlen*, um *mit Bereitschaft zu handeln*. Bereitschaft ist nämlich kein Gefühl. Wenn wir Sie ermutigen, bereit zu sein, heißt das nicht, dass Sie etwas an Ihren Gefühlen ändern sollen. Sie können weiterhin denken, dass Ihre Angst etwas sehr Unangenehmes ist – Sie müssen sie nicht mögen. Bereit zu sein bedeutet, eine Wahl zu treffen. Die Wahl, die Angst zuzulassen, wenn sie auftaucht, und das zu tun, was Ihnen wichtig ist.

34
Sich in Freundlichkeit üben

Viele Leute werden von schwierigen Gefühlen und Gedanken geplagt und haben nicht gelernt, damit gut umzugehen. Sie halten es für das Beste zurückzuschlagen. Diese natürliche Tendenz ist eine Quelle für unnötiges Leid.

Sehr viel effektiver und geschickter ist es, auf aggressive Energie mit liebevoller Güte zu reagieren. Das bedeutet, dem Geist und dem Körper Freundlichkeit, Sanftmut, Gleichmut und – dürfen wir das sagen? – Liebe entgegenzubringen. Wenn Sie das tun, werden schmerzhafte und leidvolle Gefühle keinen Raum haben, zu wachsen und die Kontrolle über Ihr Leben zu übernehmen.

Freundlich zu sein, ist eigentlich etwas Leichtes – und trotzdem fällt es den meisten Menschen schwer. Aber lassen Sie sich nicht davon entmutigen. Sie können lernen, freundlich zu sich selbst zu sein. So wie Muskeln nur durch ein Training gestärkt werden können, so braucht auch die Freundlichkeit regelmäßige Übung und Anwendung. Der Freundlichkeitsmuskel wird mit der Zeit kräftiger. Sie können zum Beispiel damit anfangen, ihn täglich mithilfe der folgenden Übung zu trainieren.

Diese Übung basiert auf dem achtsamen Gehen (s. Kapitel 13), enthält aber ein wichtiges zusätzliches Element. Es geht darum, bewusst zu gehen und dabei Geist und Herz mit liebevoller Güte anzufüllen.

Gehen mit liebevoller Güte

Bei dieser Übung müssen Sie einfach nur in normalem Tempo gehen – drinnen oder draußen. Beim Gehen sagen Sie still zu sich selbst immer wieder einen kurzen Satz (Mantra), in dem eine liebevolle Absicht und ein Wunsch für sich selbst zum Ausdruck kommen. Wählen Sie etwas Kurzes und Einfaches – z. B. „Möge ich Frieden finden", „Möge ich freundlich zu mir sein", „Möge ich glücklich sein" oder „Möge ich frei von unnötigem Leid sein." Hören Sie auf Ihr Herz.

Ehe Sie weiterlesen, überlegen Sie jetzt bitte, wie Ihr persönlicher Satz lauten soll:

„Möge ich ____."

Wenn Sie dann gehen, sagen Sie still diesen Satz vor sich hin. Wenn etwas oder jemand in Ihrer Umgebung Ihre Aufmerksamkeit auf sich zieht, machen Sie sich bewusst, worum es sich handelt, und dehnen Sie Ihren persönlichen Satz auf den Gegenstand, den Menschen oder das Lebewesen aus. Wenn beispielsweise ein Baum Ihre Aufmerksamkeit auf sich zieht, beziehen Sie diesen Baum in Ihren Wunsch mit ein, z. B.: „Möge dieser Baum Frieden finden." Ist es eine unbekannte Person, machen Sie es genauso. Gleiches gilt, wenn es sich um eine Erinnerung, einen Gedanken oder ein Gefühl handelt. Oder um ein Tier, ein Auto oder irgendein anderes Objekt. Wenn sich das irgendwie merkwürdig anfühlt, ist das völlig in Ordnung. Machen Sie einfach weiter und beziehen Sie alles, was Ihre Aufmerksamkeit auf sich zieht, in Ihren Wunsch mit ein.

Nachdem Sie Ihren persönlichen Satz auf etwas anderes bezogen haben, richten Sie Ihre Aufmerksamkeit wieder zurück auf sich selbst. Gehen Sie weiter und sagen Sie still Ihr Freundlichkeitsmantra vor sich hin („Möge ich …"). Wiederholen Sie diese Abfolge – den Satz auf sich selbst beziehen, dann auf etwas anderes, das Ihre Aufmerksamkeit auf sich zieht, und dann wieder auf sich selbst – so lange, wie Sie mögen.

Diese Übung ist eine einfache und hilfreiche Möglichkeit, um die Wirkung von Nackenschlägen, die Ihnen das Leben verpasst, abzumildern. Nehmen Sie sich zunächst vor, liebevolle Güte immer dann zu üben, wenn

Sie zu Fuß unterwegs sind, und gehen Sie dann dazu über, auch im Sitzen zu üben oder wenn Sie in einer Warteschlange stehen. Seien Sie dabei offen und erwarten Sie kein spezielles Ergebnis. Im Laufe der Zeit und durch regelmäßiges Üben wird liebvolle Güte zu einer festen Gewohnheit in Ihrem täglichen Leben.

35
Nicht füttern

Alles, was Sie bis hierhin gelernt und geübt haben, dient dazu, Sie darauf vorzubereiten, Ihr Leben auch dann gut zu leben, wenn es schwierig wird und sich Ängste einstellen. Damit hat sich etwas Entscheidendes geändert. Sie verfügen jetzt über eine neue Perspektive, die Ihnen hilft, das Leben zu führen, das Sie leben wollen – ob mit Angst oder ohne. Aber das heißt nicht, dass Sie nicht in alte Muster verfallen könnten. Wichtig ist zu lernen, die Angst nicht zu füttern, wenn sie wieder auftaucht – denn genau das wird höchstwahrscheinlich früher oder später passieren.

Stellen Sie sich die Angst als Tigerjunges vor, das bei Ihnen zu Hause wohnt. Es ist niedlich, aber auch schon ein kleines bisschen furchterregend. Um das Tigerjunge bei Laune zu halten, sehen Sie zu, dass es möglichst viel Fleisch bekommt. Sie füttern es ständig, damit es bloß satt und zufrieden ist. Aber tief in Ihrem Inneren befürchten Sie doch, es könnte Sie irgendwann einmal beißen oder sogar auffressen.

Jedes Mal, wenn Sie das Tigerjunge füttern, beruhigt es sich und lässt Sie eine Zeit lang in Ruhe. Aber im Laufe der Zeit wird es immer größer und stärker. Jetzt ist es nicht mehr so niedlich. Es ist laut, schwer zu besänftigen und immer hungrig. Es ist zum Fürchten.

Dennoch füttern Sie den Tiger immer weiter. Wenn er zu fressen hat, gibt er Ruhe. Aber je mehr er zu fressen bekommt, umso größer und stärker wird er. Es ist vertrackt. Sie hoffen, dass der Tiger eines Tages verschwindet und nie wiederkehrt.

Aber den Gefallen tut er Ihnen nicht, er wird nur lauter, hungriger und furchterregender. Und dann gehen Sie eines Tages an den Kühlschrank, öffnen die Tür und sehen, dass er leer ist. Sie haben nichts mehr, womit Sie den Tiger füttern könnten – nichts, außer sich selbst!

Die Moral von der Geschichte ist simpel. Wenn Sie Ihrem Angsttiger gegenüberstehen, füttern Sie ihn nicht. Hören Sie auf damit, das zu tun, was Sie sonst immer tun. Tun Sie stattdessen etwas völlig anderes! Das ist alles.

Wir wissen natürlich, dass etwas, das eigentlich einfach ist, nicht unbedingt auch leicht umzusetzen ist. Vielleicht denken Sie sogar: „Alles schön und gut, aber wie um alles in der Welt soll ich das schaffen?" Es folgen ein paar Hinweise, die Ihnen helfen sollen, Ihren Angsttiger zu zähmen, um zu verhindern, dass er Sie eines Tages auffrisst.

Den Tiger zähmen

1. **Wählen Sie bewusst, worauf Sie achten und was Sie tun wollen.** Das ist das Wichtigste – die Grundlage für alles andere. Sie können darauf achten, was der Angsttiger Ihnen sagt, und tun, was er will. Oder Sie können das Geschehen bewusst aus einer Beobachterperspektive betrachten, ohne die Drohungen des Tigers für bare Münze zu nehmen, und sich in Ihrem Tun von Ihren Wertvorstellungen leiten lassen. Vergessen Sie nicht: Die Angst ist zwar ein Teil von Ihnen, aber in Ihnen und in Ihrem Leben gibt es noch viel mehr als nur die Angst.
2. **Akzeptieren Sie, was nicht zu ändern ist.** Angst kommt und geht. Denken Sie daran: Es liegt nicht in Ihrer Macht, zu entscheiden, ob Sie Angst haben oder nicht, wohl aber, wie Sie auf die Angst reagieren. Sie können sie füttern – oder neugierig betrachten, ihr mit Offenheit begegnen und sie einfach zulassen. Wie die Wellen des Meeres wird sie kommen und gehen.
3. **Tun Sie das Gegenteil von dem, wozu die Angst Sie auffordert.** Wenn der Angsttiger Ihnen befiehlt, sitzen zu bleiben und sich nicht zu rühren, dann stehen Sie auf. Wenn er Sie drängt, sich von einer Sache abzuwenden, werden Sie neugierig und wenden Sie sich ihr zu. Wenn Sie den Drang verspüren, reglos zu verharren, setzen Sie sich in Bewegung. Wenn Sie sich nicht mehr spüren können oder sich in der Zukunft oder der Vergangenheit verlieren, atmen Sie einmal tief durch und kehren mit Ihrer Aufmerksamkeit wieder bewusst dahin zurück, wo Sie jetzt sind. Wenn Sie hektisch und unruhig werden, erlauben Sie sich, still zu sitzen und einfach die Ener-

gie in Ihrem Inneren zu spüren. Wie Sie bereits wissen: Das Gegenteil von dem zu tun, was die Angst Ihnen vorschreiben will, ist eine sehr wirksame Möglichkeit, die Kontrolle über Ihr Leben zurückzugewinnen.

4. **Seien Sie sanftmütig und freundlich zu sich selbst.** Vor allem sollten Sie sich darin üben, freundlich zu sich selbst zu sein. Fangen Sie jetzt nicht wieder ein neues Tauziehen mit Ihrer Angst an. Freundlich und sanftmütig zu sein, ist in gewisser Weise das genaue Gegenteil von Kampf. Gerade deshalb geht so eine starke Wirkung davon aus. Nutzen Sie die Freundlichkeit aber nicht als besonders ausgeklügelte Möglichkeit, die Angst zum Verschwinden zu bringen. Wenn Sie das tun, landen Sie vermutlich wieder genau da, wo das Ganze angefangen hat, und der Kampf beginnt von vorn – nur diesmal mit neuen Waffen. Die Freundlichkeitsübungen aus diesem Buch werden Ihnen helfen, eine neue Beziehung zu Ihrem Geist, Ihrem Körper und Ihrem Erleben aufzubauen.

Uns ist klar, dass es schwierig sein kann, alte Gewohnheiten aufzugeben und einen neuen Umgang mit der Angst zu entwickeln. Aber es gibt etwas zu gewinnen: Sie können Herr im eigenen Haus werden, Ihr Leben in die Hand nehmen. Der Angsttiger ist machtlos, solange Sie nicht auf ihn hören und ihm kein Futter mehr geben. Wenn Sie das schaffen, werden sich Dinge in Ihrem Leben zum Besseren wenden.

36 Gefühlssurfen

Wenn eine Welle auf eine Gruppe von Vögeln zurollt, die auf dem Wasser schwimmen, dann werden Sie oftmals sehen, dass die Vögel nicht wegfliegen. Mit einer leicht schaukelnden Bewegung lassen sie sich auf der einen Seite die Welle hinauftragen, überrunden ihren höchsten Punkt und treiben dann auf der langen Rückseite der Welle wieder hinab. Genau das Gleiche können Sie auch mit der Angst machen.

Emotionen sind wie Wellen, die kommen und gehen. Sie bauen sich auf, erreichen einen Höhepunkt und klingen dann wieder ab. Das gilt auch für die Angst. Auch sie bleibt nicht für immer, selbst wenn es sich manchmal so anfühlt.

Wenn Sie starke Gefühle erleben, türmen sich die Wellen hoch und furchterregend auf. Vielleicht denken Sie, dass sie für immer bleiben und Sie darin untergehen oder sogar ertrinken könnten. Aber das ist nur das alte Gerede der Angst. Entscheiden Sie einfach, nicht darauf zu hören, und reiten Sie weiter auf der Welle.

Wie die Vögel auf dem Wasser können Sie einfach abwarten, ohne irgendetwas zu tun. Auch wenn es geradezu unmöglich erscheint, können Sie die Angst zulassen und das Gegenteil von dem tun, wozu sie Sie auffordert. Wobei uns durchaus bewusst ist, wie schwer das sein kann, wenn man es nicht gelernt hat.

Daher möchten wir Ihnen die folgende Übung ans Herz legen, mit der Sie sich auf schwierige Augenblicke vorbereiten können, in denen die Wellen der Angst hochschlagen. Mithilfe Ihrer Vorstellungskraft können Sie lernen, auf der Welle Ihrer Angst zu reiten, bis sie wieder abgeklungen ist.

Auf den Wellen reiten

- Denken Sie an eine kurz zurückliegende Situation, in der Sie ängstlich, panisch, nervös, besorgt oder aufgeregt waren. Stellen Sie sich die Szene bildhaft vor und erinnern Sie sich daran, wie Sie sich gefühlt haben. Lassen Sie das Ganze einen Moment auf sich wirken.
- Fokussieren Sie sich weiter auf die schwierige Szene und stellen Sie sich vor, es handelte sich um eine Welle im Meer, die auf Sie zukommt. Sie sieht riesig aus und ist sehr beängstigend. Machen Sie sich die ängstliche Anspannung bewusst, die beunruhigenden Gedanken, möglicherweise auch Bilder einer kommenden Katastrophe. Konzentrieren Sie sich weiter sowohl auf die schwierige Szene als auch auf Bewertungen, die Ihnen durch den Kopf gehen – in Bezug auf die Situation, sich selbst und das, was sich in Ihrem Inneren abspielt.
- Beobachten Sie nun, was in Ihrem Körper geschieht. Achten Sie auf Ihre körperlichen Empfindungen und darauf, wie Ihr Verstand diese bewertet. Nennen Sie sie einfach beim Namen: „Ich bemerke ____".
  Registrieren Sie Empfindungen wie Wärme und Enge. Lassen Sie Ihren Körper und Ihren Geist einfach „ihr Ding machen".
- Tun Sie das Gleiche mit Sorgen und anderen Gedanken und Vorstellungen, die sich einstellen – den ganzen alten Geschichten. Nehmen Sie ihre Anwesenheit zur Kenntnis, ohne zu versuchen, sie unter Kontrolle zu bekommen, sie zu verändern oder sie wegzudrängen. Nennen Sie sie beim Namen und beobachten Sie weiter Ihren Geist und Ihren Körper.
- Machen Sie sich bewusst, ab wann die Angstwelle nicht mehr ansteigt. Sie hat nun ihren Höhepunkt erreicht und schwillt allmählich wieder ab. Sie spüren, wie sie sich langsam auflöst. Erleben Sie bewusst, wie Sie selbst auf der Rückseite der Welle hinabschwimmen. Akzeptieren Sie Ihre Position auf der Welle – wo auch immer Sie sich gerade befinden. Versuchen Sie nicht, über die Welle hinwegzukommen. Sie hat ihr ganz eigenes Tempo. Lassen Sie einfach zu, was geschieht, und schwimmen Sie auf ihr. Irgendwann werden Sie merken, wie es langsam wieder abwärts geht und die Angst zur Ruhe kommt.

Wenn man nicht versucht, Angst zu kontrollieren oder zu blockieren, ist sie wie eine Welle. Wenn Sie sich hingegen zur Wehr setzen und nicht auf ihr schwimmen wollen, wirft sie Sie um und schleudert Sie wie einen Wasserball hin und her. Dann zieht sie Sie unter Wasser, wo Sie hilflos umherwirbeln und ganz der vollen Kraft der brechenden Wellen und der Strömung ausgeliefert sind.

Wenn Sie aber auf den Wellen schwimmen oder surfen, werden die Wellen Sie früher oder später ans sichere Ufer bringen. Dasselbe passiert, wenn Sie aufhören, gegen Ihre Angstwellen anzukämpfen.

37
Fokus, Verbindung und Richtung

Wenn Sie schon einmal miterlebt haben, wie ein Kind sich in einen Wutanfall hineingesteigert hat, wissen Sie, wie anstrengend das sein kann. In solchen hitzigen Momenten geschieht es leicht, dass man seinen Fokus verliert, die Verbindung zu sich selbst und anderen und sogar die Orientierung. Angst kann eine ähnliche Wirkung auf einen haben. Man hat „keinen Plan mehr" und will einfach nur, dass es aufhört.

Auf den kindlichen Wutanfall ist man vielleicht versucht, mit Ärger oder Strenge zu reagieren. Aber wie wir wissen, macht das die Dinge oft noch schlimmer. Zahlreiche Untersuchungen zeigen, dass ein solches Vorgehen nicht geeignet ist, angemessenes Verhalten aufseiten des Kindes zu fördern, und nur zu Frust, Verdruss und Erschöpfung aufseiten der Eltern führt. Außerdem bauen die Kinder Ängste vor ihren Eltern auf und entwickeln eine übermäßige Härte sich selbst und anderen gegenüber.

Andere Eltern und Bezugspersonen reagieren mit einer Mischung aus Mitgefühl und Standfestigkeit auf ihre wütenden Kinder. Sie verändern ihren Fokus und betrachten ihr Kind als Teil von sich selbst und nicht als ein fremdes Monster.

Dann lassen sie den ersten Impuls, mit negativer Energie und strafendem Verhalten zu reagieren, los und verbinden sich mit dem, was ihnen in dieser Situation wichtig ist. Die meisten Eltern wünschen sich für ihre Kinder, dass sie sich sicher und geborgen fühlen und dass sie Freundlichkeit und Liebe erfahren. Daher geben sie ihr Bestes, um dies in ihrem Verhalten zum Ausdruck zu bringen.

Aber sie lassen auch nicht zu, dass ihr Kind einfach tut, was es will. Sie bieten Orientierung und lenken das Kind in eine Richtung, in die sie selbst gehen wollen und die auch gut für das Kind ist.

Die Forschung zeigt, dass dieser Dreischritt – Fokus, Verbindung, Richtung – sehr gut funktioniert und hilft, Druck aus schwierigen Situationen zu nehmen. Sie selbst können lernen, genau das auch zu tun, wenn Sie in Angst geraten. Die folgende Übung wird Sie dabei unterstützen.

Unterwegs mit meinem Angstkind

Stellen Sie sich vor, die Angst wäre ein Kind – Ihr Kind –, das gerade wieder einmal einen Wutanfall hinlegt. Überlegen Sie, wie Sie normalerweise reagieren. Wie gehen Sie als Mutter oder Vater in solchen Situationen vor, was ist Ihre Strategie? Schimpfen Sie, schreien Sie, kämpfen Sie? Wenn ja, funktioniert es? Oder macht es alles nur noch schlimmer, sodass Sie irgendwann völlig frustriert und erschöpft sind? Reagiert Ihr Angstkind gut auf Ihr Vorgehen oder macht es weiter mit dem Theater? Schauen wir einmal, was passiert, wenn Sie etwas ganz anderes tun.

Neuer Fokus – Atmen Sie einmal tief ein und langsam wieder aus. Betrachten Sie Ihr Angstkind und machen Sie sich bewusst, dass dieses Kind zwar ein Teil von Ihnen ist, Sie aber nicht dieses Kind *sind*. Schauen Sie, ob Sie hinter die negative Energie sehen und erkennen können, dass Ihr Angstkind bei Ihnen Orientierung und Zuwendung sucht. Sie wissen, was das Beste für dieses Kind ist – und für Sie.

Neue Verbindung – Ihrem Angstkind geht es vielleicht nicht gut und es braucht Ihren Trost. Verbinden Sie sich mit dem, was Ihnen in dieser Situation wichtig ist. Wollen Sie Ihrem Angstkind den Krieg erklären? Oder können Sie eine Verbindung herstellen zu Ihrer Angst und ihr gegenüber eine Haltung einnehmen, die von Sanftmut, Mitgefühl und Freundlichkeit gekennzeichnet ist? Das heißt nicht, dass Sie gut finden müssen, was Ihr Angstkind da gerade tut. Es heißt nur, dass Sie trotzdem liebevoll mit ihm umgehen können. Tun Sie das, weil es letztlich auch gut für Sie selbst ist.

Neue Richtung – Ihr Angstkind stellt Forderungen an Sie und will, dass Sie sich nicht von der Stelle rühren oder einer Situation aus dem Weg gehen. Aber die Verantwortung liegt bei Ihnen. Das hier ist Ihr Leben. Entschlossen und liebevoll treffen Sie daher die Entscheidung, Ihr Angstkind mitzunehmen, wenn Sie etwas tun, was Ihnen wichtig ist.

> Vielleicht protestiert es dagegen, aber es ist Ihr Leben. Es liegt an Ihnen, zu entscheiden, was Sie tun und wohin Sie Ihre Schritte lenken. Ihr Angstkind hat diese Macht nicht, es sei denn, Sie geben sie ihm.

Vielleicht ist es an der Zeit für einen neuen Fokus, eine neue Verbindung und eine neue Richtung. Schließlich ist das Angstkind ein Teil von Ihnen. Sie können entschlossen handeln und gleichzeitig freundlich und liebevoll sein. Auf diese Weise erschaffen Sie ein liebevolles Zuhause in Ihrem Inneren – und das hilft Ihnen, bei sich zu bleiben, wenn das Angstkind in Aktion tritt. Das nächste Mal, wenn Sie etwas tun, was Ihnen wichtig ist, und sich das Angstkind zu Wort meldet, sagen Sie: „Komm mit mir."

38
Trotz Barrieren in Bewegung bleiben

Auf der Reise durch Ihr Leben werden Sie auf zahlreiche Barrieren stoßen. Einige davon sind äußerlich, wie etwa Geldmangel, schwer vereinbare Anforderungen, die alle Zeit und Energie kosten, begrenzte Möglichkeiten, physische oder geografische Gegebenheiten – bis hin zu schlechtem Wetter. Sie können einige dieser Barrieren überwinden, indem Sie einmal alle Lösungsmöglichkeiten, die Ihnen einfallen, durchgehen oder mit einem guten Freund darüber sprechen, um das Ganze aus einer anderen Perspektive zu betrachten und neue Denkanstöße zu bekommen. Die mit Abstand häufigsten und schwierigsten Barrieren, mit denen Sie sich herumschlagen, bestehen jedoch aus den belastenden Gedanken, Gefühlen, körperlichen Empfindungen und Impulsen, die mit der Angst einhergehen.

Ihr Verstand sagt Ihnen wahrscheinlich, dass Sie eine Barriere, die vor Ihnen auftaucht, aus dem Weg räumen oder überwinden müssen. Problematisch an dieser Strategie ist, dass sie Ihren naturgegebenen Hang auf den Plan ruft, Schwieriges zu bekämpfen. Sie wissen aber inzwischen, dass es nicht viel bringt, gegen die Angst zu kämpfen. Wenn eine Barriere auftaucht, sollten Sie daher eher Ihrer Erfahrung trauen – und nicht Ihrem Verstand!

Die gute Nachricht lautet, dass es nicht nötig ist, Angstbarrieren zu überwinden, um auf dem Weg, den Ihre Werte vorgeben, voranzukommen. Sie müssen sie auch nicht aus dem Weg räumen. Es gibt sowieso keine gesunde Möglichkeit, das zu tun. Die Lösung besteht darin, *mit* den Barrieren in Bewegung zu bleiben – sie mitzunehmen auf die Reise. Auf diese Weise verliert die Angst ihre Macht.

Sie können mit Angstbarrieren genauso umgehen wie mit jedem anderen Gedanken und Gefühl: Sie schaffen Raum für all die unerwünschten

Regungen in Ihrem Inneren, die Sie bislang davon abgehalten haben, das zu tun, was für Sie das Beste ist. Sie erkennen ihre Existenz an und betrachten sie aus einer Beobachterperspektive. Und vor allem lassen Sie sie einfach zu, ohne sich in ihnen zu verstricken, und setzen Ihren Weg in die Richtung fort, in die Sie gehen wollen – alles zur selben Zeit. Die folgende Vorstellungsübung hilft Ihnen dabei, sich darüber klar zu werden, was wir damit meinen.

Wer sitzt am Steuer Ihres Lebensbusses?

Stellen Sie sich vor, Sie sitzen am Steuer eines Busses, der „Mein Leben" heißt. Malen Sie sich aus, Sie sind in nördlicher Richtung unterwegs und wollen zu Ihrem „Berg der Werte".

Auf Ihrer Route steigen einige finstere Passagiere ein, z. B. furchterregende Gedanken und Vorstellungen, die Ihr Geist hervorbringt, oder Empfindungen wie Anspannung, Angst und Panik. Diese Passagiere sind laut, aufdringlich und beängstigend. Sie versuchen, Ihnen Druck zu machen und Sie von Ihrer Route abzubringen. Sie brüllen: „Fahr da nicht hin! Das ist zu gefährlich. Du machst dich lächerlich. Du wirst niemals glücklich sein. Halt sofort an!"

Sie versuchen, diese Fahrgäste mithilfe von Argumenten und anderen Strategien zu beruhigen. Dadurch sind Sie abgelenkt und müssen feststellen, dass Sie ein Straßenschild übersehen haben und falsch abgebogen sind. Jetzt sind Sie schon eine Stunde in die falsche Richtung unterwegs, nicht mehr nach Norden, sondern nach Süden. Sie haben sich verfahren. Daher halten Sie den Bus an und versuchen alles, um die Fahrgäste zur Räson zu bringen. Dieses Mal drehen Sie sich um, schauen ihnen ins Gesicht und gehen sie direkt an: „Ich bin es leid, lasst mich endlich in Ruhe! Ich muss mich jetzt erst mal entspannen."

Und nun? Sie haben den Bus angehalten, das Steuer losgelassen und sich umgedreht. Sie schauen nach hinten in den Bus hinein anstatt nach vorn auf die Straße und in die Richtung, in die es gehen soll. Sie sind nicht mehr in Bewegung, stattdessen richtet sich Ihre Aufmerksamkeit voll und ganz auf Dinge, die nichts mit Ihren Werten zu tun haben.

Sie haben die Wahl. Entweder Sie setzen alles daran, um die Fahrgäste zum Schweigen zu bringen. Oder Sie lassen diese einfach tun, was sie tun, setzen sich wieder auf den Fahrersitz, starten den Motor, ergreifen das Lenkrad und machen sich wieder auf den Weg zu Ihrem „Berg der Werte".

Wenn es Ihnen etwas bedeutet, sich weiter auf das zuzubewegen, was Ihnen wichtig ist, dürfen Sie das Steuer Ihres Lebensbusses nicht loslassen. Die lästigen Fahrgäste werden mitfahren, Sie werden sie nicht los. Auf der Fahrt in die Richtung Ihrer Werte kommen sie immer wieder mal nach vorn und rufen: „Hör auf uns! Dreh um! Fahr zurück! Bieg hier ab – es ist sicherer, leichter und du wirst dich besser fühlen!"

Wieder gilt es, eine Wahl zu treffen. Was wollen Sie tun? Wenn Sie anhalten oder abbiegen, werden Sie nicht hinkommen, wo Sie hinwollen. Nur Sie selbst können dafür sorgen, dass die Fahrt in die Richtung, die Ihre Werte vorgeben, weitergeht – und dabei müssen Sie alle Fahrgäste, die an Bord sind, mitnehmen. Gedanken und Gefühle können Sie nicht davon abhalten weiterzufahren, solange Sie ihnen nicht die Macht dazu geben.

Nicht alle Fahrgäste in Ihrem Lebensbus sind finster und bedrohlich. Wenn Sie genau hinhören, werden Sie einige Stimmen bemerken, die verzweifelt versuchen, sich Gehör zu verschaffen. Es sind die Stimmen Ihrer Werte. Diese wurden bislang oft übertönt, aber wenn Sie genau hinhören, können Sie verstehen, was sie Ihnen zu sagen haben. Diese Stimmen werden Sie immer wieder daran erinnern, wozu es gut ist, das Steuer in der Hand zu behalten und Ihren Bus in die Richtung zu lenken, die Ihnen etwas bedeutet.

Ihre ängstlichen Fahrgäste werden jede Gelegenheit beim Schopf ergreifen, Sie von Ihrer Route abzubringen. Sie werden versuchen, Sie davon zu überzeugen, dass Sie keine Lust mehr haben, dass das alles zu viel ist, zu schwierig, sich nicht lohnt. Trotzdem können Sie sich dafür entscheiden, die Fahrt in die Richtung auf das, was für Sie zählt, fortzusetzen. Sie haben keine Kontrolle darüber, welche Gefühle, Gedanken oder Befürchtungen mitfahren. Aber Sie haben die Kontrolle darüber, wohin Sie Ihren Lebensbus lenken. Ihre Hände haben die Kontrolle über das Lenkrad, Ihre Füße die Kontrolle über Gas- und Bremspedal. Vergessen Sie das nicht!

39
Aus dem Aber ein Und machen

Bestimmt haben Sie irgendwann schon einmal etwas gesagt wie: „Ich würde es ja gerne tun, *aber* ich habe Angst, ich könnte eine Panikattacke bekommen, mich blamieren oder mich schlecht fühlen." Und schon hat die Ja-aber-Falle zugeschnappt.

Jedes Mal, wenn Sie ein Aber an den ersten Teil eines Satzes anfügen, verneinen Sie das, was Sie gerade gesagt haben, machen es ungültig. Das ist die wörtliche Bedeutung des Wortes Aber. Dieses kleine Wort lässt Ängste und Befürchtungen zu Barrieren und Problemen werden, die aus dem Weg geräumt werden müssen, bevor Sie zur Tat schreiten können. Schauen wir uns das einmal anhand eines Beispiels an.

Wenn Sie sagen: „Ich würde gerne ausgehen, *aber* ich habe Angst, ich bekomme eine Panikattacke", machen Sie Ihr Interesse daran, auszugehen, wieder ungültig – und deshalb wird dann nichts draus. Sie bleiben zu Hause, weil das Aber das „Ich würde gerne ausgehen" verneint.

Das Aber verleitet auch dazu, einen Kampf aufzunehmen. Eins von beiden muss verschwinden: entweder der Wunsch auszugehen oder die Angst vor einer Panikattacke. Wer oft Aber sagt, steckt immer wieder fest. Das Aber macht aus dem Ausgehen (und nicht nur daraus) ein Ding der Unmöglichkeit.

Wenn Sie einmal darauf achten, werden Sie womöglich feststellen, dass Sie das Wort Aber mehrmals täglich als Grund dafür benutzen, nicht Ihren Werten gemäß zu handeln. Damit schränken Sie sich unnötig in Ihrem Leben ein, bremsen sich aus und lassen viele Chancen und Möglichkeiten ungenutzt.

Die nächste Übung wird Ihnen helfen, nicht in die Ja-aber-Falle zu tappen.

Die Ja-aber-Falle

Nehmen Sie sich einen Moment Zeit, um über Situationen nachzudenken, in denen Sie daran gedacht haben, etwas Bestimmtes zu tun, und diesem Gedanken dann im nächsten Atemzug ein Aber angefügt haben. Zum Beispiel: „Ich würde gerne zu der Party gehen, aber vielleicht werde ich da nervös und benehme mich daneben." Schauen Sie, ob Ihnen mindestens drei Situationen einfallen, in denen es etwas gab, was Sie gerne getan hätten, gefolgt von einem Aber und einer typischen Begründung, die dann oft in Ihrem Kopf auftaucht.

Streichen Sie dann das Aber in jedem Satz durch und ersetzen es durch das Wort Und. Lesen Sie den Satz noch einmal. Tun Sie das langsam. Fühlt es sich anders an, wenn ein Und anstelle des Aber dasteht? Das sollte der Fall sein.

Es ist nur eine kleine Veränderung, die aber eine große Wirkung haben kann. Sie könnten zu der Party gehen *und* nervös werden, wenn Ihr Verstand Ihnen sagt, dass Sie sich danebenbenehmen könnten. Das Aber durch ein Und zu ersetzen, ermöglicht Ihnen, etwas Wichtiges zu tun *und* sich dabei ängstlich zu fühlen. Es erweitert Ihre Wahlmöglichkeiten und schenkt Ihnen mehr Freiheit. Es ist außerdem eine ehrlichere Beschreibung dessen, was gerade passiert.

Von heute an üben Sie jedes Mal, wenn ein Aber Sie dazu bringt, etwas nicht zu tun, aus diesem Aber ein Und zu machen. Achten Sie auf neue Möglichkeiten, die sich dadurch für Sie ergeben. Kaum etwas ist so befreiend und stärkend, wie aus einem Aber ein Und zu machen.

40 Loskommen von den Haken der Vergangenheit

Es passiert leicht, dass man sich in der Vergangenheit verfängt. Jeder Mensch erlebt in seinem Leben schmerzhafte Momente, die sich ansammeln wie Tropfen in einem Eimer. Wenn Sie in den Eimer Ihres Lebens schauen, werden Sie wahrscheinlich einiges vorfinden, das Sie am liebsten sofort daraus entfernen würden, sowie auch schöne Momente, die unbedingt darin bleiben sollen.

Der Eimer enthält möglicherweise Kriegserlebnisse, einen Unfall, eine Vergewaltigung, einen Verlust, Missbrauch, Reue, verpasste Chancen oder falsche Entscheidungen, die Sie rückgängig machen würden, wenn Sie könnten. Vielleicht ist es eine schwierige Kindheit oder Wut und Groll darauf, wie Sie von Ihren Eltern oder Freunden behandelt wurden. Möglicherweise wirken auch schöne Erfahrungen nach und Sie vermissen schmerzhaft einiges von dem, was war und jetzt nicht mehr ist. All das hat sich angesammelt und bildet den Inhalt dieses Eimers.

Ihre Erlebnisse haben Sie gezeichnet und tun es immer noch. Jedes Mal, wenn Sie sich daran erinnern, kommen Schmerz, Wut und Verlusterfahrungen wieder hoch und Sie werden womöglich von Schuld- oder Schamgefühlen überwältigt.

Es ist nichts verkehrt daran, in der Lage zu sein, sich an gute, schlechte und schlimme Momente, die man durchlebt hat, zurückzuerinnern. Ohne diese Fähigkeit gäbe es kein Lernen und kein Wachstum. Und es ist auch in Ordnung, sich nicht gerade gerne an bestimmte Erlebnisse zu erinnern. Jeder Mensch macht in seinem Leben Erfahrungen, die er am liebsten vergessen würde. Manche haben es schwerer gehabt als andere. Aber niemand ist völlig von Kummer und Leid verschont geblieben.

Wer aber ständig in der Vergangenheit herumwühlt, ist in eine Falle getappt. Die folgende Vorstellungsübung zeigt Ihnen, wieso das so ist.

Herumrühren in einem Eimer voller Mist

Stellen Sie sich vor, Sie sitzen neben einem großen Eimer, in dem sich alles angesammelt hat, was Sie in der Vergangenheit erlebt haben. Ein Deckel liegt auf dem Eimer, aber aus irgendeinem Grund fällt er plötzlich herunter. Neugierig schauen Sie in den Eimer hinein und sehen, dass er voller stinkendem Mist ist. Sie nehmen einen großen Holzlöffel und fangen an, in dem Mist herumzurühren – in der Hoffnung, dass er sich irgendwie auflösen wird und der Gestank verschwindet.

Vielleicht rühren Sie unaufhörlich im Eimer Ihrer Vergangenheit herum, weil Ihr Verstand Ihnen sagt: „Du kommst nicht voran wegen all der schmerzhaften Dinge, die du erlebt hast." Oder: „Du verdienst es nicht, dass sich Dinge zum Guten wenden." Vielleicht sagt er auch: „Wenn du nur lange genug rührst, wirst du es irgendwann verstehen und dann wird das alles verschwinden." Daher rühren Sie immer weiter, gehen zurück, reißen alte Wunden auf, tauchen ein in Reuegefühle und schmerzhafte Erinnerungen.

Vielleicht denken Sie, wenn Sie nur lange genug rühren, dann wird sich etwas ändern. Aber auch noch so langes Herumrühren verwandelt all den Mist nicht in Vanilleeis.

Machen wir uns eines bewusst: All das Erinnern, Wiedererleben und Herumwühlen passiert jetzt, in diesem Augenblick. Es gibt keine Zeitmaschine, die uns in die Vergangenheit bringen könnte. Die Zeit verläuft immer nur vorwärts und auch Sie können nur vorwärtsgehen.

Wichtig ist, die Vergangenheit als das zu sehen, was sie ist, den Löffel wegzulegen und den unsinnigen Geschichten, mit denen Ihr Verstand Sie lockt, nicht auf den Leim zu gehen. Nur so gelingt es Ihnen, sich darauf zu konzentrieren, wo Sie *jetzt gerade* sind, was Sie *jetzt gerade* tun wollen und welche Richtung Sie in Ihrem Leben *jetzt gerade* einschlagen wollen.

Wenn Sie sich in der Gegenwart verankern, können Sie lernen, das Erinnern als das zu betrachten, was es ist – als gedankliche Aktivität Ihres Verstandes –, und dieser Erfahrung mit sanfter Neugier und Freundlichkeit begegnen. Auf diese Weise befreien Sie sich von der Vergangenheitsfixierung Ihres Verstandes und den damit verbundenen Fallstricken.

Es geht nicht darum, erlebtes Leid und Unrecht zu vergessen oder zu ignorieren. Vielmehr können Sie sich bewusst dafür entscheiden, daraus zu lernen, sich dafür zu öffnen, es in Ehren zu halten und es auf eine Weise mit auf den Weg zu nehmen, die Ihrem heutigen Leben Würde verleiht.

Wenn Sie dazu bereit sind, legen Sie den Löffel weg und hören mit dem Herumrühren auf. Nun haben Sie die Hände frei und können sich bewusst dafür entscheiden, womit Sie ab jetzt Ihre Zeit verbringen wollen.

41
Sich erden im Jetzt

Wenn Ihnen eine schmerzhafte oder traumatische Erinnerung ins Bewusstsein schießt, verlieren Sie womöglich den Kontakt zur Gegenwart. In dem Fall sollten Sie als Erstes innehalten, mehrmals tief durchatmen und sich klarmachen, was gerade passiert. Sich an etwas zu erinnern, ist letztlich nur eine Art des Denkens. Machen Sie sich außerdem bewusst, dass Sie es *jetzt* tun, in der sicheren Gegenwart.

Wir wissen, dass das anfangs nicht ganz einfach ist. Wenn Sie dazu neigen, sich in Gedanken an die Vergangenheit zu verlieren, oder feststellen, dass das Trauma, das Sie erlitten haben, Sie immer wieder aus der Gegenwart oder sogar aus Ihrem Körper herauszieht, sodass Sie das Gefühl haben, ganz woanders zu sein, dann wissen Sie, wie es sich anfühlt, die Erdung zu verlieren. Es ist, als würde einem der Teppich unter den Füßen weggezogen. Das kann eine beängstigende Erfahrung sein, die es schwer macht, präsent zu bleiben und zu tun, was wichtig ist.

Es folgt eine Übung, die Ihnen helfen kann, sich zu erden, wo auch immer Sie sind, und auf den Boden des Jetzt zurückzukehren, wenn Sie sich in Gedanken an die Vergangenheit verloren haben. Alles, was Sie für diese Übung brauchen, sind fünf Minuten Zeit. Lesen Sie die Anleitung einige Male durch und beginnen Sie dann mit der Übung.

Mithilfe der fünf Sinne zurück in die Gegenwart

Wenn Sie das Gefühl haben, den Boden unter den Füßen zu verlieren, dann bedienen Sie sich Ihrer fünf Sinne – schmecken, riechen, fühlen, sehen und hören –, um sich wieder in der Gegenwart zu verankern. Am hilfreichsten sind Sinnesreize, die Sie so bewusst wie möglich wahrnehmen.

Regen Sie so gut es geht Ihre Sinne an:

- Schmecken Sie etwas, das einen intensiven Geschmack hat, z.B. eine Zitrone oder schwarzen Kaffee.
- Riechen Sie etwas, das einen starken Geruch verströmt, z.B. Parfüm, frische Kräuter, Seife oder das Fell Ihres Haustieres.
- Berühren Sie Dinge, die dank ihrer Oberfläche, ihrer Form oder ihres Gewichts spürbare Wahrnehmungen erzeugen.
- Betrachten Sie etwas, das hell, intensiv oder ungewöhnlich aussieht – ein Bild oder etwas anderes in Ihrem Gesichtsfeld.
- Achten Sie bewusst auf Geräusche in Ihrer Umwelt, die besonders hervorstechen.

Sich auf diese Weise Ihrer Sinne zu bedienen, bringt Sie zurück in die Gegenwart. Machen Sie sich aber klar, wozu Sie das tun. Womöglich sind Sie versucht, Sinneseindrücke zu nutzen, um sich von schwierigen Erinnerungen abzulenken, aber damit geben Sie Ihre Verantwortung an diese Erinnerungen ab und verleihen ihnen die Macht, Sie von Ihrem Weg abzubringen. Stattdessen sollten Sie Ihre Sinne nutzen, um das Wesentliche nicht aus dem Blick zu verlieren, ins Jetzt zurückzukommen und dadurch in der Lage zu sein, Ihr Leben aktiv auf der Grundlage Ihrer Werte zu gestalten.

Wenn Sie diese Strategien einsetzen, um sich zu erden, achten Sie darauf, was für Sie am besten funktioniert. Denken Sie daran, im Hier und Jetzt zu bleiben: präsent, achtsam und lebendig.

Führen Sie diese Übung so oft wie möglich mit offenen oder geschlossenen Augen durch, egal, wo Sie gerade sind. Sich in der Gegenwart zu verankern, hilft Ihnen, präsent zu sein und zu lernen, sich ins Jetzt zurückzuholen, wenn Sie merken, dass die Vergangenheit Sie mit einer schwierigen Erinnerung eingeholt hat. Dies macht es Ihnen möglich, Ihren Platz im Leben einzunehmen und da, wo Sie gerade sind, Ihre Werte zu leben.

42
Fixierungen lösen

Schmerz ist ein natürlicher und normaler Teil eines gut gelebten Lebens. Wenn Sie sich jedem Schmerz gegenüber verschließen, verschließen Sie sich letztlich dem Leben gegenüber. Öffnen Sie sich hingegen für das Leben, müssen Sie das auch gegenüber dem Schmerz in all seinen Formen tun. Es führt kein Weg daran vorbei. Um alles zu haben, müssen Sie auch für alles bereit sein – das Gute, das Neutrale und das Unangenehme und manchmal auch das Schreckliche.

Es gibt eine wirksame Möglichkeit, sich für Schwieriges zu öffnen – nämlich damit aufzuhören, dem Schmerz auszuweichen und sich an die guten Gefühle zu klammern. Sie laden das Unbehagen, das Sie sowieso in sich tragen, bewusst ein und geben das Gute und Angenehme weg. Sie atmen das Unangenehme ein, nehmen es in sich auf, und dann atmen Sie aus und lösen sich von dem, was Sie so verzweifelt wollen und was Ihnen Erleichterung verschaffen soll.

Wenn Sie einmal alle Worte loslassen – die Fixierung auf die Geschichte – und einfach das, was wehtut, fühlen und annehmen, ohne sich darin zu verfangen, dann machen Sie eine Erfahrung, die Sie mit allen anderen Menschen teilen. Von diesem Gefühl geteilter Menschlichkeit – diesem wahren Mitgefühl – geht eine äußerst heilsame Wirkung aus, die aus der Not heraus- und in die Lebendigkeit hineinführt.

Schmerz einzuatmen und Linderung auszuatmen, ist die Grundlage einer sehr alten Form von Meditation, die Tonglen genannt wird (was so viel bedeutet wie „geben und nehmen“). Den Schmerz willkommen zu heißen und das Gute wegzugeben, erscheint möglicherweise widersinnig – und ist gerade deshalb so wirksam.

Damit, dass Sie umarmen, was Sie nicht mögen, verwandeln Sie es. Sie erkennen an, dass Sie etwas gemeinsam haben mit allen anderen Menschen – nämlich die zutiefst menschliche Fähigkeit zu leiden. Wenn Sie anderen geben, was Sie so verzweifelt für sich selbst ersehnen, macht Sie das stark. Auf diese Weise lösen Sie sich von der Fixierung darauf, sich besser fühlen zu wollen, und überwinden Ihren Widerstand gegen die Angst und andere unangenehme Gefühle. Außerdem stärken Sie Ihre Befähigung, zu lieben und mit anderen mitzufühlen. All dies sind wichtige Fähigkeiten, die Sie mithilfe der folgenden Übung erwerben und weiterentwickeln können.

Das Schlechte umarmen, das Gute weggeben

Machen Sie es sich zunächst an einem Ort bequem, an dem Sie für etwa fünf bis zehn Minuten ungestört sein können. Sitzen Sie in aufrechter Haltung mit den Füßen flach auf dem Boden, Armen und Beinen parallel zueinander und den Händen im Schoß ruhend.

Schließen Sie nun die Augen und richten Sie Ihre Aufmerksamkeit sanft auf den natürlichen Rhythmus Ihres Atems in Brust und Bauch. Nach einiger Zeit rufen Sie sich dann etwas Belastendes, Schmerzhaftes ins Gedächtnis, vielleicht ein kurz zurückliegendes Ereignis oder eine Situation, in der Sie Angst hatten. Wenn Sie dann einatmen, stellen Sie sich vor, Kummer und Schmerz in sich aufzunehmen. Sie füllen Ihre Lungen mit dem Unbehagen und machen sich dabei bewusst, dass das, was Sie gerade fühlen, von Millionen Menschen überall auf der Welt geteilt wird. Sie sind nicht allein mit diesem Gefühl. Seit es uns Menschen gibt, kennen wir solche schwierigen Gefühle.

Wünschen Sie sich nun für Ihre Mitmenschen und für sich selbst die Überwindung all dessen, was an Leid, Kampf, Schuld und Scham mit dem Schmerz einhergeht, den Sie und andere erfahren. Mit diesem Wunsch verströmen Sie bei jedem Ausatmen Linderung, Freude und Wohlwollen. Tun Sie es langsam, im natürlichen Rhythmus Ihres Atems. Fahren Sie fort damit, sich beim Einatmen mit Ihrem Schmerz zu verbinden und beim Ausatmen mit Wohlwollen und dem Wunsch, dass andere von dem Leid befreit werden, das sie befällt, wenn sie Schmerz und Unbehagen erleben.

Sollte sich das Einatmen von Angst zu beklemmend oder einschnürend für Sie anfühlen, stellen Sie sich vor, Sie würden in einen weiten Raum hineinatmen. Ihr Herz ist ein solcher Raum und Sie können ihn noch weiter werden lassen. Stellen Sie sich vor, Sie atmen in Ihr Herz hinein und machen es mit jedem Einatmen immer weiter, bis es groß genug für alle Ihre Sorgen, Ängste und Nöte ist. Mit jedem Ausatmen öffnen Sie sich voll und ganz, sodass Sie die Angst nicht mehr wegschieben müssen – Sie öffnen Ihr Herz für alles, was kommt.

Wenn Sie feststellen, dass Ihr Geist zu wandern beginnt oder Sie abgelenkt werden, nehmen Sie das freundlich zur Kenntnis und kehren zurück zu dem Wunsch, Schmerz und Kummer willkommen zu heißen und Wohlwollen und Freundlichkeit auszusenden. Setzen Sie diese Übung des Gebens und Nehmens so lange fort, wie Sie möchten.

Wenn Sie fertig sind, dehnen Sie Ihre Aufmerksamkeit allmählich aus, öffnen sanft die Augen und nehmen sich vor, über den Tag hinweg weiter zu geben und zu nehmen.

Sollten Sie feststellen, dass Sie Angst bekommen und am liebsten ganz weit weg wären, können Sie an Ort und Stelle eine Tonglen-Übung für all die Menschen machen, die so wie Sie gegen schmerzhafte Gefühle ankämpfen. Atmen Sie ein, akzeptieren Sie Unangenehmes und Schmerzhaftes und verbinden Sie dann mit dem Ausatmen den Wunsch nach Trost und Frieden für sich selbst und alle anderen Menschen, die dasselbe wie Sie durchmachen. In jedem Augenblick, in dem Sie bereit sind, Angstgefühle zuzulassen, lernen Sie, die Furcht vor ihnen zu verlieren.

43
Alles treibt dahin

Psychologen schätzen, dass jeder Mensch zwischen 60 000 und 80 000 Gedanken pro Tag hat. Aber nur einem sehr kleinen Teil davon schenken wir Beachtung. Diejenigen, die wir beachten, neigen dazu, länger in unserem Bewusstsein zu verweilen und uns oft unnötig einzuschränken. Wir müssen lernen, unsere Gedanken kommen und gehen zu lassen.

Dies zu üben, ist besonders wichtig, wenn Sie merken, dass Sie Ihren Angstgedanken oder Angstimpulsen viel Beachtung schenken. Je mehr Sie das tun, umso mehr setzen sie sich fest, verstärken Ihre Angst und Ihr Gefühl, blockiert zu sein. Daher ist es sehr hilfreich, zu lernen, Angstgedanken und Angstimpulse kommen und gehen zu lassen, ohne sich in ihnen zu verfangen und ohne sie in Handeln umzusetzen. Auf diese Weise kann Raum entstehen zwischen Ihrem bewertenden Verstand und Ihrer unmittelbaren Erfahrung.

Mithilfe der folgenden Übung können Sie lernen, Ihren Gedanken und Impulsen dabei zuzusehen, wie sie kommen und gehen, und nicht zu tun, wozu sie Sie drängen. Sie werden die Erfahrung machen, dass Gedanken tatsächlich von ganz allein kommen und gehen – wenn Sie sie einfach loslassen! Alles, was Sie tun müssen, ist zuzuschauen und abzuwarten.

Blätter auf dem Bach

- Konzentrieren Sie sich auf Ihren Atem, wie Sie es schon kennen. Spüren Sie bewusst das Ein und Aus der Luft in Brust und Bauch. Versuchen Sie nicht, auf eine bestimmte Art zu atmen – lassen Sie den Atem einfach fließen. Schließen Sie nun sanft die Augen.

- Stellen Sie sich dann vor, Sie sitzen an einem warmen Herbsttag am Ufer eines Baches. Während Sie das fließende Wasser beobachten, fallen Ihnen Blätter in unterschiedlichen Farben, Formen und Größen auf, die eines nach dem anderen gemächlich an Ihnen vorbeischwimmen, manche schneller, manche langsamer. Erlauben Sie sich einen Moment lang, in die Vorstellung hineinzugehen und den vorbeiziehenden Blättern zuzusehen.
- Wenn Sie dann so weit sind, richten Sie Ihre Aufmerksamkeit darauf, was sich gerade in Ihrem Inneren abspielt. Nehmen Sie jede Erfahrung, die Sie wahrnehmen, zur Kenntnis und benennen Sie sie – Gedanken, Gefühle, Empfindungen, Wünsche und Impulse. Vielleicht haben Sie zum Beispiel den Gedanken „Ich habe keine Zeit für so etwas".
- Setzen Sie dann die einzelnen Erfahrungen eine nach der anderen auf eines der Blätter, die auf dem Bach dahinschwimmen. Beobachten Sie, wie ein Blatt näherkommt. Sehen Sie dann zu, wie es sich langsam wieder entfernt und das, was gerade noch in Ihrem Kopf war, stromabwärts mit sich nimmt, bis es außer Sicht ist. Richten Sie Ihren Blick wieder auf das Wasser und warten Sie auf das nächste Blatt, das vorüberschwimmt. Setzen Sie alle Gedanken, Gefühle, Erinnerungen oder Impulse einzeln auf die Blätter. Lassen Sie sie einfach stromabwärts schwimmen und schauen ihnen dabei zu.
- Wenn Sie die Übung beenden wollen, dehnen Sie Ihre Aufmerksamkeit auf die Geräusche um sich herum aus. Öffnen Sie die Augen und nehmen Sie sich vor, den restlichen Tag über immer wieder eine Haltung des sanften Zulassens und der Selbstakzeptanz einzunehmen.

Machen Sie die Blätter-auf-dem-Bach-Übung mehrere Wochen lang so oft Sie können. Wenn Sie merken, dass Sie besser darin werden, können Sie dazu übergehen, Sie auch mit geöffneten Augen in Alltagssituationen einzusetzen. Sie können sie auch um einen zusätzlichen Aspekt erweitern, indem Sie die Perspektive des Baches einnehmen, so wie Sie in Kapitel 26 die Perspektive des Schachbretts eingenommen haben. Wenn Sie der Bach sind, tragen Sie jedes Blatt und sind sich der Gedanken, Gefühle, Empfindungen, Wünsche und Impulse bewusst, die sich auf den vorbeischwimmenden Blättern befinden. Akzeptieren Sie sie einfach so, wie sie sind, und lassen Sie sie dahintreiben, bis sie irgendwann außer Sichtweite sind. Und machen Sie sich bewusst, wie Sie auf diese Weise lernen, zum Beobachter Ihrer eigenen Erfahrung zu werden.

44
Gut für sich sorgen

Viele von uns haben Wunden, die von früheren Verletzungen, ungerechten Behandlungen durch andere und in manchen Fällen auch von erschütternden Erfahrungen mit Gewalt oder Missbrauch herrühren. Wenn schmerzhafte Gefühle, Bilder und Gedanken auftauchen, besteht unsere erste instinktive Reaktion oft darin, sie wegzuschieben. Wenn Sie dies bei sich bemerken, hören Sie bitte sofort damit auf. Solche Momente sind eine gute Gelegenheit, alten Verletzungen mit Mitgefühl und Akzeptanz zu begegnen.

Warum sollten Sie das tun? Menschen, die verletzt wurden, fügen sich selbst und anderen oft weiter Schmerz zu, weil sie ihren Wunden nicht erlaubt haben zu verheilen. Wenn Sie sich nicht gut um Ihre Wunden kümmern, geben Sie Ihren Schmerz an Ihre Kinder, Partner, Freunde, Kollegen und andere Menschen in Ihrem Leben weiter. So vervielfacht er sich.

Um aus diesem Muster auszubrechen, müssen Sie lernen, sich gut um sich selbst zu kümmern. Tun Sie dies auf die gleiche Weise, als wären Sie körperlich in schlechter Verfassung, krank oder verletzt. Wenn dies der Fall ist, gönnen Sie sich wahrscheinlich eine Pause, verarzten sich und schenken sich ein Stück freundlicher Zuwendung. Genauso können Sie auch mit Ihrer offenen Angstwunde umgehen.

Der Angst mit Mitgefühl zu begegnen, ist der Balsam, der hilft, alte Wunden zu heilen, die Sie mit sich herumtragen. Mitgefühl bedeutet, uns um unsere Gedanken und Gefühle genauso zu kümmern wie um unseren Körper – mit freundlicher Zuwendung. Wir lernen, in schwierigen Momenten nicht mehr so hart und streng zu uns selbst zu sein.

Es folgt eine schöne Übung, die Ihnen hilft, Selbstmitgefühl im Umgang mit Ihren Ängsten und Sorgen oder anderen belastenden Emotionen einzuüben.

Heilende Hände

Erinnern Sie sich daran, wie es war, als Sie noch ein kleines Kind waren und an einer Grippe oder starken Erkältung litten und hohes Fieber hatten. Es ging Ihnen richtig schlecht. Vermutlich haben Sie irgendeine Medizin bekommen, die auch ein bisschen geholfen hat. Aber nichts hat so gutgetan wie die Nähe Ihrer Mutter oder eines anderen Menschen, der sich um Sie gekümmert hat. Überlegen Sie, wie es war, wenn diese besondere Person an Ihrer Seite war und Ihnen eine Hand auf die Stirn gelegt hat. Wie gut sich das angefühlt hat!

Für Sie hatte diese Hand geradezu etwas Göttliches. Von ihr ging Frische, Liebe und Mitgefühl aus und deren heilsame Wirkung durchdrang Ihren ganzen Körper, Ihr ganzes Sein. Einen Moment lang fühlten Sie sich besser. Heute lebt die Hand dieses besonderen Menschen aus der Vergangenheit in Ihrer eigenen Hand fort. Schauen wir, wie sich das für Sie anfühlt.

Nehmen Sie sich jetzt einen Moment Zeit und schließen Sie die Augen. Denken Sie an einen besonderen Menschen oder eine Bezugsperson aus Ihrem Leben. Stellen Sie sich nun vor, wie die Hand dieses Menschen Sie berührt hat, wenn Sie krank waren. Legen Sie sich nun Ihre eigene Hand auf die Stirn oder die Brust und machen Sie sich bewusst, dass die liebevolle Berührung von damals immer noch da ist. Lassen Sie die Energie der liebevollen Berührung dieses besonderen Menschen durch Ihre Hand hindurch in Ihren Körper fließen. Bringen Sie diese zärtliche Zuwendung all dem entgegen, was Sie in diesem Moment erleben.

Für diese Übung können Sie die Erinnerung an irgendeinen Menschen heranziehen, in dessen Gegenwart Sie sich gut, geliebt und fürsorglich behandelt gefühlt haben. Die Freundlichkeit der Hand dieses liebevollen Menschen lebt fort in Ihrer eigenen Hand. Und Sie können diese Freundlichkeit sich selbst zukommen lassen, jederzeit und überall.

Sie können selbst gut für sich sorgen, wenn Sie Angst haben oder sich verletzt und wund fühlen. Schenken Sie sich liebevolle Freundlichkeit. Dazu sind Sie nicht auf andere angewiesen.

45
Die Kraft, die aus dem Verzeihen kommt

Das Wort „Vergebung" beschwört oftmals eine Reihe von Missverständnissen und Unklarheiten herauf. Im Kern aber bedeutet es nichts anderes als das Loslassen einer schmerzhaften Vergangenheit mit dem Ziel, dass sich Wunden schließen und man seinen Weg fortsetzen kann. Vergebung zielt nicht darauf ab, etwas zu vergessen, im Nachhinein gutzuheißen oder geschehenes Unrecht zu ignorieren. Wer aber nicht vergibt, bleibt unter Garantie stecken – für immer ein Opfer, das auf eine Lösung wartet, die möglicherweise niemals kommt. An vergangenem Schmerz festzuhalten tut weh – und zwar einzig und allein einem selbst. Aus diesem Grund gilt es, damit aufzuhören.

Verschiedene Untersuchungen zeigen, dass die Bereitschaft zum Verzeihen mit einer besseren Gesundheit einhergeht – auf körperlicher, emotionaler und spiritueller Ebene. Menschen, die gelernt haben, zu verzeihen, geben an, weniger unter Schmerz, Stress, Ärger, Depression und Krankheit zu leiden. Und sie erfahren einen deutlichen Zugewinn an Energie, Hoffnung, Optimismus, Mitgefühl, Liebe und Wohlbefinden.

Abgesehen von diesen Vorteilen eröffnet Ihnen das Verzeihenkönnen die Möglichkeit, Ihren Weg im Leben fortzusetzen. Sie lösen sich aus den Ketten vergangenen Unrechts und schlagen neue Richtungen ein. Sie sind in der Lage, die alten Geschichten und Bindungen an die Vergangenheit sowie Gefühle wie Scham, Ärger, Reue und Schmerz loszulassen. Es liegt in Ihrer Hand, zu entscheiden, wie Sie Ihren Weg nun weiter gehen wollen, um sich das Leben zu erschaffen, das Ihnen vorschwebt.

Vergeben lernen

Denken Sie an eine Situation oder ein Ereignis aus der Vergangenheit zurück, das bei Ihnen immer noch Gefühle von Ärger, Schmerz, Groll oder Bitterkeit und den Wunsch nach Genugtuung auslöst. Wenn Sie bereit sind, schließen Sie die Augen und rufen sich das Ereignis noch einmal ins Gedächtnis. Was genau ist passiert? Wer hat ein Unrecht begangen – Sie oder jemand anderes? Was ist Ihnen oder anderen angetan worden? Was ist Ihnen damals verwehrt geblieben, wonach Sie sich jetzt sehnen? Nehmen Sie sich einige Minuten Zeit für diese Fragen.

- **Schritt 1: Bewusst machen.** Machen Sie sich den Schmerz bewusst, den Sie im Zusammenhang mit dem vergangenen Ereignis spüren. Lassen Sie diese Erfahrung zu. Wo können Sie den Schmerz spüren? Schauen Sie, ob Sie sich der Erfahrung stellen können, weichen Sie ihr nicht aus. Wie fühlt sie sich an? Wie sieht sie aus? Achten Sie darauf, wie Ihr Verstand Ihren Schmerz mit Urteilen, Schuldvorwürfen und negativen Bewertungen verknüpft.
- **Schritt 2: Unterscheiden.** Nutzen Sie Ihr Beobachter-Selbst, um zwischen dem Schmerz selbst und den Bewertungen, die ihn umgeben, zu unterscheiden. Betrachten Sie Bewertungen als Bewertungen, Vorwürfe als Vorwürfe und Bitterkeit als Bitterkeit, ohne näher darauf einzugehen. Beobachten Sie einfach und schaffen Sie Raum zwischen Ihrem unmittelbaren Erleben und dem, was Ihr Verstand dazu sagt.
- **Schritt 3: Mitfühlend betrachten.** Schauen Sie, ob Sie noch einen Schritt weiter zurücktreten können – so als betrachteten Sie das Geschehen auf einer großen Kinoleinwand. Stellen Sie sich vor, Sie säßen im Zuschauerraum als jemand, der das ganze Drama zum ersten Mal sieht. Schauen Sie, ob Sie Ihr Herz so weit öffnen können, dass Sie zum mitfühlenden Zeugen der handelnden Figuren in der Szene werden. Sehen Sie, wer Unrecht tut. Sehen Sie, wem Unrecht widerfährt. Sehen Sie, wer verantwortlich ist für das Unrecht, das geschieht. Sehen Sie die Person, die verantwortlich für den erlittenen Schmerz ist.
- **Schritt 4: Loslassen und den Weg fortsetzen.** Stellen Sie sich nun selbst die folgenden Fragen. Seien Sie dabei freundlich zu sich

selbst. Wer hat die Kontrolle über den Groll, den Sie jetzt spüren? Wer leidet in diesem Moment darunter, dass Sie an der Erinnerung an das, was damals geschehen ist, festhalten? Wer hat die Macht, loszulassen und den Weg fortzusetzen? Die Antwort lautet: Sie. *Sie* können die Hoffnung auf eine Lösung loslassen. *Sie* können die Energie und die Mühe, die Sie darauf verwenden, Genugtuung zu erfahren oder auf Rache zu sinnen, sinnvoller einsetzen. *Sie* können Ihrer Erfahrung mit Freundlichkeit begegnen, indem Sie sich Ihrem Schmerz stellen als das, was er ist. Machen Sie ihn sich zu eigen – schließlich ist es Ihr Schmerz – und dann entscheiden Sie sich dafür, ihn loszulassen.

Wenn Sie bereit sind, Groll und Ärger loszulassen, dann tun Sie es. Wenn es Ihnen noch schwerfällt, überlegen Sie, wer darunter zu leiden hat, wenn Sie es nicht tun. Sie selbst – oder etwa die Person, die Ihnen einst Unrecht getan hat? Stellen Sie sich vor, was Sie alles mit Ihrer Zeit und Ihrer geistigen Energie anfangen könnten, wenn Sie nicht von Groll und alter Wut zerfressen würden. Worüber würden Sie sich stattdessen Gedanken machen? Wie würden Sie sich fühlen? Was würden Sie tun? Nehmen Sie sich Zeit für diese Überlegungen.

Vergessen Sie nicht: Zu vergeben und alte Geschichten loszulassen, ist etwas, was Sie für sich selbst tun, nicht für die Menschen oder Umstände, unter denen Sie einst gelitten haben!

46
Das Geschenk der Dankbarkeit

Stellen Sie sich vor, es gäbe eine einfache Möglichkeit, die Sie nutzen könnten, um inneren Frieden und Zufriedenheit zu kultivieren. Wäre das nicht wunderbar? Nun, diese Möglichkeit existiert. Sie heißt Dankbarkeit.

Es ist wissenschaftlich belegt, dass wir sehr davon profitieren können, wenn wir uns darin üben, dankbar für das zu sein, was wir haben. Dankbarkeit hat positive Effekte auf die Gesundheit. Auf Beziehungen, auf das Wohlbefinden. Sogar auf den Schlaf. Sie hat auch Auswirkungen auf die Gefühle: Wer dankbar ist, hat mehr positive Gefühle und ist besser geschützt vor Stress und Schwierigkeiten. Auch das Selbstwertgefühl kann sich durch die Dankbarkeitspraxis deutlich verbessern. Menschen, die sich täglich in Dankbarkeit üben, leben letztlich glücklicher und gesünder und sie leben auch länger als diejenigen, die sich mehr darauf konzentrieren, was alles nicht gut ist in ihrem Leben, und auf das, was ihnen fehlt.

Erwarten Sie aber keine dramatischen Veränderungen von einem Tag auf den anderen. Die Kultivierung von Dankbarkeit ist eine Fähigkeit, die einiges an Zeit und Übung erfordert. Damit die Dankbarkeit ihre volle Wirkung entfalten kann, nimmt man sich am besten fest vor, sich täglich darin zu üben. Die gute Nachricht lautet, dass Sie alle Voraussetzungen erfüllen, um heute schon damit anzufangen. Wir wissen aus der Forschung, dass es das persönliche Glückserleben um etwa 10 Prozent steigert, wenn man täglich bloß fünf Minuten lang ein Dankbarkeitstagebuch führt. Eine Untersuchung aus der amerikanischen Fachzeitschrift *Emotion* zeigt, dass die positive Auswirkung auf das Glückserleben etwa so stark ist wie eine Verdoppelung des Gehalts. Das ist ziemlich beeindruckend.

Die folgende Anleitung zum Führen eines Dankbarkeitstagebuches hilft Ihnen, Dankbarkeit zu einem festen Bestandteil Ihres Alltags zu machen.

Dankbarkeitstagebuch

Führen Sie in den nächsten 14 Tagen ein Dankbarkeitstagebuch. Bevor Sie ins Bett gehen, nehmen Sie sich etwas Zeit, um den Tag Revue passieren zu lassen, und schreiben Sie dann bis zu fünf Dinge auf, für die Sie dankbar sind. Es ist wichtig, sie wirklich schwarz auf weiß festzuhalten – machen Sie diese Übung nicht nur im Kopf. Sie können Kleinigkeiten aufschreiben („das leckere Baguette, das ich heute zu Mittag gegessen habe“ oder „Toilettenpapier im Badezimmer zu haben“) oder besondere Dinge („Meine Schwester hat heute ein gesundes Baby zur Welt gebracht“ oder „Ich habe heute etwas getan, was mir sehr wichtig war, obwohl ich Angst davor hatte“).

Das Ziel dieser Übung besteht darin, sich Ereignisse, Erfahrungen, Menschen oder Dinge vor Augen zu führen, für dic man dankbar ocin kann – und sich dann an den guten Gefühlen, die damit einhergehen, zu erfreuen. Betrachten Sie die guten Dinge in Ihrem Leben als Geschenke, anstatt sie für selbstverständlich zu halten. Vielleicht wird es Sie überraschen, wofür Sie alles dankbar sind – kosten Sie es aus! Nehmen Sie sich dafür mindestens zwei Wochen lang täglich etwa 15 Minuten Zeit.

Drei Dinge gilt es dabei zu beachten:

1. **Seien Sie konkret.** Konkret und genau zu sein, ist sehr wichtig, wenn man Dankbarkeit in sich nähren möchte. Zu schreiben „Ich bin dankbar dafür, dass mein Partner mir einen Teller Suppe gebracht hat, als es mir heute nicht gut ging“ ist besser als „Ich bin dankbar für meinen Mann“.
2. **Keine Wiederholungen, wenigstens zwei Wochen lang.** Suchen Sie jeden Tag nach etwas Neuem, wofür Sie dankbar sein können. Darunter können so einfache Dinge sein wie die Dankbarkeit für die Tasse Kaffee zum Frühstück, die Dankbarkeit dafür, Seife zum Waschen zu haben, oder dafür, Zeit zum Meditieren zu finden.
3. **Halten Sie inne und reflektieren Sie.** Ehe Sie das Tagebuch wieder weglegen, nehmen Sie sich noch etwas Zeit und denken über das

Geschriebene nach. Schauen Sie, ob Sie die Dankbarkeit und die Wertschätzung für das, was Sie haben, in Ihrem Herzen fühlen können.

Sie können die Übung natürlich auch über die zwei Wochen hinaus fortsetzen, wenn Sie möchten. Letztlich geht es darum, auch im Alltag immer wieder eine dankbare und wertschätzende Haltung einzunehmen. Machen Sie sich dabei bewusst, wofür Sie in Ihrem Leben dankbar sind, und lassen Sie zu, dass diese Dankbarkeit ihre wohltuende Wirkung entfaltet.

Der Sinn und Zweck eines Dankbarkeitstagebuches besteht darin, ein stärkeres Bewusstsein für die Dinge zu entwickeln, die Ihnen in Ihrem Leben wertvoll und kostbar sind. Wenn Sie damit anfangen, auf die Momente zu achten, in denen in Ihrem Herzen Dankbarkeit aufleuchtet, werden Sie sie auch häufiger und klarer wahrnehmen.

Dankbarkeit ist eng verbunden mit Glück. Wenn Sie Dankbarkeit erleben – und gelegentlich auch zum Ausdruck bringen –, werden Sie sich glücklicher fühlen. Mehr Dankbarkeit führt zu mehr Glück, und damit meinen wir mehr als nur ein flüchtiges Gefühl. Es geht um eine tiefe und anhaltende Zufriedenheit mit sich selbst und dem Leben. Wenn Sie also insgesamt glücklicher werden wollen, dann besteht eine einfache und wirksame Möglichkeit, dies zu erreichen, darin, dankbarer zu werden für das, was Sie haben.

47
Freundlich sein – einfach so

Jedes Mal, wenn Sie anderen etwas Gutes zukommen lassen, tun Sie sich damit auch selbst einen Gefallen. Die Studienlage spricht in diesem Punkt eine klare Sprache. Menschen, die regelmäßig etwas für andere tun, seien es große oder kleine Dinge, sind glücklicher und gesünder. Und es ist keinesfalls so, dass sich ihre Bereitschaft, anderen etwas zu geben, damit erklären ließe, dass sie von vornherein glücklichere Menschen wären. Vielmehr ist es umgekehrt: Freundlichkeit und Großzügigkeit verschaffen uns gute Gefühle. Anderen etwas zu geben, macht uns selbst froh und zufrieden. Es gilt: „Wenn du glücklich sein willst, mache andere glücklich." Freundlichkeit und Mitgefühl lassen uns nicht nur glücklicher werden, sondern geben uns auch das Gefühl, etwas Sinnvolles zu tun und mit anderen verbunden zu sein.

Freundlichkeit hat noch viele andere Vorteile. Wenn Sie sich machtlos und Ihren Ängsten und Sorgen ausgeliefert fühlen, kann es ein gutes Gegenmittel sein, etwas für andere zu tun. In Zeiten der Schwäche machen freundliche Taten stark.

Aber seien Sie nicht freundlich zu anderen, um von ihnen etwas zurückzubekommen. Es geht nicht darum, sich auf diese Weise die Anerkennung, die Wertschätzung oder den Dank anderer zu verdienen. Es geht darum, *einfach so* freundlich zu sein – weil es gut ist für Sie selbst oder weil es etwas ist, das nur Sie selbst tun können. Sind Sie hingegen freundlich, um etwas dafür zurückzubekommen, werden Sie bestimmt oftmals enttäuscht werden.

Wenn Sie *einfach so* freundlich sind, erwarten Sie keine Gegenleistung und können sich auch unabhängig von den Reaktionen anderer daran erfreuen. Davon kann wiederum eine starke Ausstrahlung auf andere ausgehen. Wenn Sie anderen – und sich selbst – mit Freundlichkeit begegnen, schlägt das Wellen: Auch andere Menschen werden dann eher freundlich zu sich selbst und anderen sein.

Vielen von uns fällt es schwer, anderen gegenüber Freundlichkeit an den Tag zu legen, und noch schwerer, freundlich mit uns selbst umzugehen. Es mag sich für Sie zunächst künstlich anfühlen, dies bewusst zu tun. Aber lassen Sie sich nicht entmutigen. Die folgende Übung hilft Ihnen, diese lebensbejahende Praxis fest in Ihrem Alltag zu verankern.

Freundlichkeit an den Tag legen

- Nehmen Sie sich zunächst einmal vor, sich selbst und anderen freundlich zu begegnen. Dazu brauchen Sie kein bestimmtes Gefühl. Sie können es unabhängig davon tun, wie es Ihnen gerade geht. Es folgen einige Beispiele dafür, wie Sie damit anfangen können.
- Sagen Sie öfter „bitte", „danke" und „gern geschehen". Sie könnten anderen die Tür aufhalten, jemandem Hilfe anbieten, Unbekannte anlächeln oder andere Autofahrer vorlassen, die sich in den Verkehr einfädeln wollen. Umarmen oder küssen Sie jemanden, der Ihnen nahesteht. Zeigen Sie Verständnis, Mitgefühl und die Bereitschaft zu verzeihen, wenn Sie sich durch andere verletzt fühlen und den Drang verspüren, es ihnen heimzuzahlen.
- Schauen Sie nach Gelegenheiten, mit anderen zu teilen, was Sie haben – Begabungen, Interessen, Zeit, Ressourcen, ein Essen.
- Achten Sie auf Möglichkeiten, sich um andere zu kümmern, und Momente, in denen Sie anderen Dankbarkeit und Herzlichkeit entgegenbringen können.
- Nutzen Sie Gelegenheiten, die sich Ihnen bieten, anderen Hoffnung, Liebe oder Hilfe zuteilwerden zu lassen. Tun Sie dies auch, wenn Sie eigentlich kurz davor sind, sich zu verschließen, innerlich abzuschalten oder in die Luft zu gehen.

Mit einiger Übung wird sich die Neigung zu freundlichen Handlungen verselbstständigen und bei Ihnen tiefe Gefühle von Frieden, Liebe und Vertrauen hervorbringen. Unabhängig davon, auf wen sie sich richtet oder zu welchen Ergebnissen sie führt, ist die Freundlichkeit etwas, was mit Ihnen selbst zu tun hat! Nähren Sie sie und bauen Sie sie aus! Machen Sie sie zum Kern Ihres Wesens und zur Grundlage all Ihrer Entscheidungen. Geben Sie Freundlichkeit weiter – und sie wird auf positive Weise auf Sie zurückwirken.

48
Die Zügel in die Hand nehmen

Wir alle sind unseres Glückes Schmied. Niemand anders kann unser Leben für uns leben, wir müssen das selbst tun. Anderen Menschen oder unserer Angst die Schuld an unserem Unglück zu geben, hilft auch nicht weiter. Hören Sie auf damit! Die Vergangenheit lässt sich nicht ungeschehen machen. Fragen Sie sich daher, was für ein Leben Sie von jetzt an führen möchten. Damit es Ihnen gelingt, so zu leben, wie Sie wollen, brauchen Sie Klarheit darüber, wo Sie im Leben eine Wahl haben – und wo nicht.

Das Leben, das Sie führen, hängt zu einem großen Teil von den Entscheidungen ab, die Sie treffen – und für diese Entscheidungen tragen Sie die volle Verantwortung. Sich diese Tatsache bewusst zu machen, kann sowohl ernüchternd als auch befreiend sein. Nicht in Ihrer Wahl liegt hingegen, Angst, Panik oder Besorgnis zu verspüren oder nicht. Freiwillig würde sich wohl niemand dafür entscheiden, Angst zu haben.

Was Sie tun können, ist, an einer offenen und akzeptierenden Beziehung zu Ihrer Angst zu arbeiten. Anstatt die Angst als Feind zu betrachten, können Sie lernen, sie wie einen Freund zu behandeln. Das heißt nicht, alles an der Angst gut zu finden. Man findet ja auch nicht alles an seinem Partner, seinen Freunden oder Angehörigen gut. Sie entscheiden sich nicht dafür oder dagegen, Angst zu haben, aber Sie haben durchaus „ein Wörtchen mitzureden“, wenn es darum geht, wie Sie mit schwierigen und schmerzhaften Emotionen *umgehen* wollen.

Andere Entscheidungen treffen

Schauen wir uns einige Möglichkeiten an, die Sie haben, auf Angst zu reagieren, wenn sie auftritt.

- Ich kann einfach beobachten, was mein Kopf mir sagt, ohne zu tun, was er von mir will. Ich kann meiner Angst mit Mitgefühl begegnen und ihr erlauben, da zu sein, anstatt gegen sie anzukämpfen und zu versuchen, sie loszuwerden.
- Ich kann einfach beobachten, was in meinem Körper geschieht, anstatt alles zu glauben, was mein Kopf mir darüber sagt.
- Ich kann meine Angstgefühle und Angstgedanken einfach zulassen, anstatt mich abzulenken, sie mit Tabletten zu bekämpfen und vor ihnen davonzulaufen.
- Ich kann mich in Geduld üben mit mir selbst, anstatt einen Schuldigen dafür zu suchen, dass ich Angst habe.
- Ich kann mich mit meiner Angst vorwärtsbewegen in meinem Leben, anstatt dagegen anzukämpfen und dadurch festzustecken.

Es liegt in Ihrer Hand, ob Sie die Angst zulassen, ihre Anwesenheit anerkennen, sie annehmen und ihr mit einer Haltung begegnen, die von Interesse und wohlwollender Akzeptanz geprägt ist. Oder ob Sie das tun, wozu die Angst Sie überreden will, wieder mit dem Tauziehen beginnen und versuchen, die Angst mithilfe von Vermeidung, Flucht, Unterdrückung oder auf anderem Wege unter Kontrolle zu bekommen oder loszuwerden. Sie haben die Wahl, wirklich.

49
Den Körper bewohnen

So wie Sie die Armlehne eines Sessels berühren können, um die Beschaffenheit seiner Oberfläche zu erfühlen, so können Sie auch mit Ihren Emotionen in Kontakt treten. Wenn Sie das regelmäßig tun, lernen Sie sich selbst besser kennen – sich selbst und wie es sich für Sie anfühlt, Angst zu haben.

Die folgende Übung besteht darin, Ihre Erfahrung zu berühren, ihr Raum zu geben und etwas Neues zu lernen. Dabei geht es jedoch nicht darum, sich in den Gefühlen zu „suhlen" und darin selbst einen Sinn zu sehen. Und auch nicht darum, möglichst viel auszuhalten. Es geht darum, sich für das zu öffnen, was in Ihrem Körper, in Ihrem Kopf und in Ihrem Herzen geschieht. Sich nicht mehr dagegen zu wehren oder es zu bekämpfen. Auf diese Weise verändern Sie Ihre Beziehung zu sich selbst und erschaffen den nötigen Raum, um sich in Richtungen fortzubewegen, in die Sie gehen wollen.

Machen Sie sich, während Sie die nächste Übung durchführen, klar, wozu sie gut ist. Es geht darum, so zu leben, wie es Ihnen vorschwebt – ob mit oder ohne Angst. Keine unnötigen Kämpfe mehr. Kein Widerstand. Sie öffnen sich mit Mitgefühl und wohlwollendem Interesse für Ihr eigenes Erleben. Darin liegt wahrscheinlich die größte Freundlichkeit, die Sie sich selbst zukommen lassen können.

Ihr Gefühl berühren

- Machen Sie es sich zunächst an einem Ort bequem, an dem Sie für etwa fünf bis zehn Minuten ungestört sind. Befolgen Sie die nachstehende Anleitung so gut Sie können und nutzen Sie Ihre Vorstellungskraft, um sie in Ihrem Körper und Geist lebendig werden zu lassen.

- Was ist für Sie das Schwierigste daran, Angst oder Furcht zu empfinden? Nehmen Sie sich einen Moment Zeit und überlegen Sie, was Sie in Ihrem Körper spüren können. Welche körperlichen Empfindungen erleben Sie in der Regel unter Angst, z. B. Anspannung, Herzrasen, Schwindel, Übelkeit?
- Auf welche Weise erschweren es Ihnen diese körperlichen Empfindungen, zu tun, was Sie wollen? Denken Sie an etwas, was Ihnen wichtig ist – einen Ihrer persönlichen Werte.
- Halten Sie nun einen Moment inne. Suchen Sie sich eine körperliche Empfindung aus, die Sie einmal genauer betrachten wollen.
- Entscheiden Sie, ob Sie bereit sind, diese körperliche Empfindung, so wie sie ist, näher zu erkunden. Denken Sie daran: Bereitschaft ist eine Wahl, die Sie treffen können. Sie entscheiden sich dafür oder dagegen. Wenn Sie nicht bereit sind, macht es keinen Sinn, an dieser Stelle fortzufahren. Entscheiden Sie daher, ob Ihr Leben und Ihre Werte Ihnen wichtig genug sind, um bereit zu sein, zu sehen, wie es wirklich ist, zu fühlen, was Sie fühlen.
- Fragen Sie sich nun: „Habe ich diese körperliche Empfindung bereits gekannt, ehe sie Teil meiner Angst wurde?" Blicken Sie einmal weit in Ihre Vergangenheit zurück. Wahrscheinlich war sie Ihnen bereits vertraut. Schauen Sie zurück und fragen sich: „Muss diese körperliche Empfindung wirklich mein Feind sein?" Auch wenn Sie sie nicht mögen, sind Sie dennoch bereit, sie zu haben, so wie sie ist – eine bestimmte Empfindung in Ihrem Körper?
- Schließen Sie nun die Augen und konzentrieren Sie sich auf den wichtigen Wert, den Sie oben für sich benannt haben. Schauen Sie, ob Sie sich vorstellen können, zu tun, was Ihnen wichtig ist, wenn Sie diese eine körperliche Empfindung spüren.
- Betrachten Sie die Empfindung in Ihrem Körper mit einer gewissen Neugier. Wo spüren Sie sie? Wie fühlt sie sich wirklich an? Atmen Sie nun Weite und Freundlichkeit in die körperliche Empfindung hinein. Stellen Sie sich vor, Sie würden sie mit Ihrem heilenden und freundlichen Atem berühren. Fahren Sie damit so lange fort, bis Sie eine gewisse Weite in sich spüren können.
- Betrachten Sie nun noch einmal diese körperliche Empfindung. Ist sie wirklich Ihr Feind? Oder können Sie sie einfach sanft mitnehmen

auf Ihrem Weg – und tun, was Ihnen wichtig ist? Sie können – selbst wenn Ihr Verstand anderer Meinung sein sollte.

- Bevor Sie die Übung beenden, halten Sie kurz inne und überlegen Sie, was Sie über sich gelernt haben. Sie sind dabei, ein anderes Verhältnis zu Ihrem emotionalen Körper aufzubauen und ihn auf eine neue Art zu bewohnen.

Vielleicht fanden Sie diese Übung schwierig, sie wird aber durch die regelmäßige Praxis leichter. Nehmen Sie sich also Zeit, sie öfter zu wiederholen – und konzentrieren Sie sich dabei jeweils auf eine einzelne körperliche Empfindung. Fahren Sie damit so lange fort, bis Sie genügend Raum geschaffen haben, in dem sie ohne Widerstand und Kampf verweilen kann. Dann können Sie sich einer anderen Empfindung zuwenden, wenn Sie bereit dazu sind. Machen Sie sich bewusst, dass Sie dabei Ihre Beziehung zu Ihrem emotionalen Körper verändern. Wenn der Kampf aufhört, wird es Ihnen möglich sein, sich mit diesem Körper fortzubewegen und alles zu tun, was Ihnen im Leben wichtig ist. Dann halten Sie die Zügel in der Hand.

50
An Herausforderungen wachsen

Angst und andere schmerzhafte und schwierige Emotionen sind nicht Ihre Feinde. Sie sind Ihre Lehrer. Denken Sie einen Moment darüber nach. Ohne Enttäuschungen würde man nie lernen, seine Erwartungen in Bezug auf die Zukunft als etwas zu betrachten, was keineswegs in Stein gemeißelt ist. Ohne Schmerz und Frustration würde man nie lernen, freundlich und mitfühlend oder ausdauernd zu sein. Ohne neuen Informationen ausgesetzt zu sein, würde man nie irgendetwas Neues lernen. Ohne Furcht würde man nie lernen, mutig zu sein. Sogar Krankheiten können einen Zweck erfüllen – sie stärken das Immunsystem und helfen uns, es schätzen zu können, wenn wir gesund sind.

Schwierige und schmerzhafte Situationen im Leben sind immer auch mit der Chance verbunden, sich zu verändern und zu wachsen. Sie ermöglichen es uns, wichtige Dinge zu lernen. Sie eröffnen neue Sichtweisen auf das Leben. Wir brauchen solche Situationen. Sie bieten uns wichtige Gelegenheiten, unsere Komfortzone zu verlassen und uns weiterzuentwickeln.

Konzentrieren Sie sich im Angesicht von Schwierigkeiten darauf, das zu tun, was in Ihrer Macht steht, um gut für sich zu sorgen und sich weiter in Richtungen fortzubewegen, die Ihnen wichtig sind. Wenn Sie schmerzhaften Erfahrungen ausgesetzt sind, nutzen Sie Ihre Möglichkeit, die Position eines mitfühlenden Beobachters in Bezug auf diese Erfahrungen einzunehmen. Öffnen Sie sich für das, was Sie erleben, heißen Sie es willkommen – und tun Sie etwas, worauf Sie Wert legen. Sie können das.

Aber Sie brauchen einen konkreten Plan, der es Ihnen ermöglicht, auch unter schwierigen Umständen Ihren Weg fortzusetzen. Sie müssen die alte hinderliche Programmierung unschädlich machen, um in sich die Voraussetzung für eine echte und tiefe Zufriedenheit zu schaffen. Die folgende Übung kann Ihnen dabei behilflich sein.

Führt mich das vorwärts oder zurück?

Immer wenn Sie auf Widerstände stoßen und unsicher sind, ob das, was Sie dann tun wollen, gut für Sie ist, stellen Sie sich die eine simple Frage: „Bringt meine Reaktion auf dieses Ereignis, diesen Gedanken, dieses Gefühl, diese Sorge oder diese körperliche Empfindung mich näher an das heran, was ich mir für mein Leben wünsche, oder entfernt sie mich davon?" Andere Varianten dieser zentralen Frage lauten:

- Wenn dieser Gedanke (dieses Gefühl, dieser körperliche Zustand, diese Erinnerung) mir einen Rat geben könnte, würde dieser Rat mich weiterbringen oder eher lähmen und blockieren?
- Welchen Rat würde mir einer meiner wichtigen Werte in diesem Moment geben?
- Was würde ich meinem Kind oder jemand anderem in der gleichen Situation raten?
- Wenn andere mich in diesem Augenblick beobachten könnten, würden Sie mich dabei sehen, wie ich etwas tue, worauf ich Wert lege?
- In welche Richtung tragen mich meine Füße, wenn ich diesen Rat befolge?
- Was sagt mir meine Erfahrung zu dieser Lösungsmöglichkeit? Und wem traue ich mehr, meinem Verstand und meinen Gefühlen – oder meiner Erfahrung?

Im Angesicht von Schwierigkeiten und Zweifeln ist es sehr viel hilfreicher, sich Fragen wie diese zu stellen, als auf das zu hören, was Ihr kleinmütiger, verzagter Verstand Ihnen weismachen will oder wozu Ihre Impulse Sie drängen. Die Antworten werden Sie daran erinnern, dass die alten Lösungen nicht funktioniert haben. Jetzt ist die Gelegenheit da, etwas anderes zu tun.

51 Ein Schritt nach dem anderen

Ihr Leben wird bestimmt durch die Schritte, die Sie machen – durch das, was Sie tun. Jeder einzelne Schritt bringt Sie entweder näher an das heran, was Ihnen wichtig ist, oder entfernt Sie davon. Worauf es ankommt, ist, klug und mit Bedacht voranzuschreiten, denn mit Ihren Schritten erschaffen Sie sich Ihr Leben und die Voraussetzungen für echte Zufriedenheit.

Kluge Schritte sind solche, die sich an Ihren Werten ausrichten – Ihrem Polarstern, von dem weiter oben die Rede war. Persönliche Werte lassen sich vergleichen mit einem Leuchtturm: Sie weisen auf das hin, was für Sie wichtig ist. Das ist enorm hilfreich, wenn Sie in einem Meer aus Sorge, Angst, Panik und Katastrophengedanken die Orientierung zu verlieren drohen.

Das Wunderbare an Werten ist, dass sie es Ihnen ermöglichen, Ihrem Leben einen ganz persönlichen Sinn zu geben. Umsetzen lassen sich Werte, indem man sie auf einzelne realisierbare Schritte herunterbricht. Ein erfülltes Leben zu führen, bedeutet Schritte – große und kleine – nach vorn zu machen in Richtung darauf, seine Ziele zu erreichen und seine Werte zu leben – und das Tag für Tag.

Sie müssen sich innerlich darauf festlegen, einen Schritt vor den nächsten zu setzen. Sie tun dies, indem Sie Ziele nach dem SMART-Prinzip formulieren und dann daran arbeiten, diese Ziele zu erreichen.

Schauen wir uns einen Moment die einzelnen Elemente des SMART-Prinzips an:

1. **S**pezifisch – Bestimmen Sie konkrete Ziele.
2. **M**otivierend – Suchen Sie nach Zielen, die Ihnen etwas bedeuten und die Ausdruck Ihrer persönlichen Wertvorstellungen sind.

3. **A**ktiv – Wählen Sie Ziele aus, die Sie selbst verfolgen können und die zu Ihrer Lebenszufriedenheit und Lebendigkeit beitragen können.
4. **R**ealistisch – Setzen Sie sich Ziele, die unter Berücksichtigung Ihrer persönlichen Lebensumstände erreichbar sind.
5. **T**erminiert – Legen Sie möglichst genau fest, wann, wo und wie Sie an einem Ziel arbeiten wollen. (Und vergessen Sie nicht, sich auf die Schulter zu klopfen, wenn Sie einen Schritt nach vorn gemacht haben!)

Ihre Reise durchs Leben besteht darin, Ihre persönlichen Werte zu leben, SMART-Ziele sind dabei wie Zwischenstationen, die Sie auf dieser Reise anstreben. Jetzt sind Sie an der Reihe.

Mithilfe der folgenden Übung lernen Sie, sich SMART-Ziele zu stecken, die Ihre persönlichen Werte verkörpern und Sie in Richtungen voranbringen, die Ihnen wirklich etwas bedeuten.

Ziele setzen, die SMART sind

Wählen Sie einen Wert aus, den Sie in Ihrem Leben stärker und engagierter zur Geltung bringen möchten. Fassen Sie diesen Wert in einem oder zwei Wörtern zusammen, die Sie aufschreiben und im Kopf behalten, während Sie sich SMART-Ziele überlegen, die geeignet sind, diesen Wert in Ihrem Leben umzusetzen.

Haben Sie den Wert formuliert, schließen Sie die Augen und fragen sich: „Mit welchem Verhalten, das auch für andere sichtbar wäre, würde ich diesen Wert nach außen hin verkörpern?“ Vielleicht ist es etwas Großes, vielleicht etwas Kleines, aber seien Sie auf jeden Fall konkret. Machen Sie sich eine genaue Vorstellung davon, was Sie tun würden. Vielleicht schreiben Sie es kurz auf. Sie haben nun ein *spezifisches* Ziel.

Hören Sie nun auf Ihr Herz, auf das, was für Sie zählt, und auf Ihre Vorstellung davon, was für ein Mensch Sie sein möchten – und fragen Sie sich: „Bedeutet mir dieses Ziel etwas? Ist es mir eine Herzensangelegenheit?“ Wenn Sie darauf mit Ja antworten können, dann handelt es sich um ein *motivierendes* Ziel.

Schauen Sie sich Ihr Ziel noch einmal an. Ist es etwas, das tatsächlich von Ihnen und Ihrem Tun abhängt? Und würde es Sie reizen, daran zu arbeiten? Würde es sich erfüllend und lebendig anfühlen, auch wenn es manchmal schwierig werden könnte? Ein aktives Ziel ist eines, das den Einsatz Ihres Mundes, Ihrer Hände und Ihrer Füße erfordert und in dem das Potenzial steckt, Ihnen das Gefühl zu geben, etwas Gutes für sich und Ihr Leben zu tun. Wenn das auf das von Ihnen ausgewählte Ziel zutrifft, dann ist es ein *aktives* Ziel.

Ist das Ziel *realistisch* und ist der zeitliche Rahmen angemessen, d. h. ist es gut *terminiert*? An dieser Stelle ist es wichtig, einen ehrlichen Blick auf Ihre aktuellen Lebensumstände zu werfen. Fragen Sie sich, ob Sie sich vielleicht mit anderen abstimmen müssen. Und setzen Sie sich kein Ziel, das wirklichkeitsfremd ist oder Ihre Möglichkeiten übersteigt. Dreimal in der Woche zwanzig Minuten walken zu gehen, kann ein realistisches SMART-Ziel sein, das beispielsweise im Dienst von Werten steht, die mit Ihrer Gesundheit zu tun haben oder damit, in der Natur zu sein. Das Vorhaben hingegen, am nächsten Tag unvorbereitet einen Marathon zu laufen, ist nicht besonders realistisch.

Als Letztes kommt es nun darauf an, mit der Umsetzung zu beginnen und wirklich etwas zu *tun*. Haben Sie sich ein SMART-Ziel gesteckt, gehen Sie dazu über, sich auch in Situationen werteorientiert zu verhalten, in denen Ihnen dies bislang schwergefallen ist. Legen Sie sich innerlich auf dieses Ziel fest und schreiten Sie zur Tat. Nutzen Sie all die unterschiedlichen Werkzeuge aus diesem Buch, um diesen neuen Weg zu beschreiten, auch wenn Körper und Geist mit Angst reagieren. Nehmen Sie sich dann im Anschluss etwas Zeit, um sich bewusst zu machen, was Sie gelernt haben und wie es sich anfühlt, etwas Gutes für sich selbst und Ihr Leben zu tun.

Lassen Sie sich nicht entmutigen, wenn es Ihnen nicht immer gelingt, alles umzusetzen, was Sie sich vorgenommen haben. Besinnen Sie sich in dem Fall wieder darauf, was Ihnen wichtig ist, legen Sie sich wieder auf das SMART-Ziel fest (oder formulieren Sie es nötigenfalls neu), nutzen Sie, was Sie in diesem Buch gelernt haben, und nehmen Sie sich dann vor, den nächsten Schritt zu machen. Auch mit kleinen Schritten kommen Sie auf die höchsten Berge.

52 Der Weg, der vor Ihnen liegt

Wahrscheinlich haben Sie schon einmal den Spruch gehört: „Der Weg ist das Ziel." Er mag etwas abgedroschen sein, dennoch steckt eine Menge Wahrheit darin. Schließlich ist Ihr Weg – all das, womit Sie Ihre Zeit verbringen oder nicht verbringen – das, worauf Sie eines Tages zurückschauen werden und von dem Sie sagen werden: „Das war mein Leben."

Sie verdienen es, glücklich zu sein. Und Ihre Reise ist noch nicht zu Ende. Auf Ihrem Weg werden Ihnen neue Hürden, Zweifel und Rückschläge zu schaffen machen. Auch die alten Ängste werden wieder auftauchen. Manchmal werden Sie es nicht schaffen, zu tun, was Sie sich vorgenommen hatten. Manchmal werden Sie in alte Gewohnheiten im Umgang mit der Angst zurückfallen. Gelegentlich werden Sie länger als gehofft brauchen, um ein Ziel zu erreichen. All das ist in Ordnung. Jeder von uns bewegt sich in seinem eigenen Tempo.

Wenn Sie auf Schwierigkeiten stoßen, können Sie auf die Strategien und Fähigkeiten zurückgreifen, die Sie sich mithilfe dieses Buches angeeignet haben. So bleiben Sie in Bewegung und leben ein erfülltes Leben.

Mit das Schwierigste daran, Tag für Tag ein wenig mutiger zu werden, ist es, Ängste und Zweifel einfach kommen und gehen zu lassen, ohne sich darin zu verstricken. Im Laufe der Zeit wird Ihnen das immer besser gelingen – solange Sie es schaffen, Ihren Fehlern, Grenzen und Ihrem nur allzu menschlichen Mangel an Perfektion mit Freundlichkeit zu begegnen.

Beginnen Sie jeden Tag mit einem Vorsatz in der Art: „Heute werde ich so gut ich kann Freundlichkeit und Mut an den Tag legen." Nehmen Sie sich vor, sich an diesem Tag möglichst stark von Ihren Werten leiten zu lassen. Am Abend lassen Sie den Tag Revue passieren und tun dies mit liebevoller Freundlichkeit. Machen Sie sich nicht nieder, wenn Sie dann doch manches nicht besser hinbekommen haben als sonst. Schauen Sie nach neuen und positiven Dingen, die Ihnen gut gelungen sind.

Mitgefühl, Sanftheit, Flexibilität und Mut sind starke Gegenmittel gegen unnötiges Leid. Machen Sie sich bewusst, dass Sie auch nur ein Mensch sind und dass Sie Fehler machen dürfen und Rückschläge erleiden werden. Sie werden es nie schaffen, in allen Situationen mutig und nachsichtig mit sich und anderen zu sein, dennoch können Sie sich weiter in Richtungen fortbewegen, die Ihnen etwas bedeuten – Tag für Tag, Schritt für Schritt.

Worauf es ankommt, ist, dass Sie sich bemühen, akzeptierend und mitfühlend mit sich und Ihren Sorgen und Ängsten umzugehen. Die vielen kleinen Schritte werden Sie letztlich ein großes Stück auf Ihrem Weg voranbringen. Irgendwann werden Sie merken, dass Ihnen Freundlichkeit und Geduld zur Gewohnheit geworden sind. Nehmen Sie sich Zeit. Dieses Buch im Laufe einiger Wochen durchzuarbeiten, ist noch nicht das Ende von irgendetwas. Es ist der Anfang eines neuen Kapitels in Ihrem Leben. Die Arbeit ist noch nicht getan, wenn Sie dieses Buch ausgelesen haben. Auf Ihrer Reise durchs Leben sind Sie lange unterwegs – ein Leben lang.

Hören Sie nicht auf, die Dinge zu üben, die Sie in diesem Buch gelernt haben. Konzentrieren Sie sich auf diejenigen Übungen und Metaphern, die Sie besonders hilfreich fanden, um Hindernisse zu überwinden und Ihren Weg fortzusetzen. Greifen Sie sie wieder auf und wenden Sie sie im Alltag an.

Noch eine Sache: Viele der Übungen aus diesem Buch schließen die eine oder andere Art von Meditation mit ein. Dafür gibt es gute Gründe. Aus eigener Erfahrung wie auch aus zahllosen Forschungsstudien wissen wir, dass das Meditieren zu den wirksamsten Möglichkeiten zählt, um glücklicher und erfüllter zu leben. Der Dalai Lama sagte einmal: „Wenn jedes Schulkind heute Meditation lernen und praktizieren würde, dann herrschte in 20 Jahren Friede auf der Erde.“ Auch wenn Sie schon lange kein Schulkind mehr sind, so ist es doch nie zu spät, um etwas zu verändern und Frieden zu schaffen, wenigstens in Ihrem eigenen Leben. Suchen Sie sich daher eine Form zu meditieren aus, mit der Sie gut zurechtkommen, und bleiben Sie dabei. Sie werden es nicht bereuen.

Veränderungen sind immer riskant. Manchmal geht etwas schief oder es kommt nicht das dabei heraus, was man wollte. Das größte Risiko im

Leben besteht jedoch darin, überhaupt kein Risiko einzugehen. Nur wenige Dinge im Leben sind wirklich sicher. Die Zukunft ist naturgemäß unbekannt. Daher sind die meisten Entscheidungen mit einem gewissen Risiko verbunden. Immer auf Nummer sicher zu gehen, bedeutet, dass sich nie irgendetwas ändern wird. Und wenn sich nichts ändert, werden Sie da landen, wo Sie gestartet sind – an einem Ort, wo Sie feststecken, sinnlos leiden und darauf warten, dass endlich Ihr Leben beginnt. Die Entscheidung, das Leben zu leben, das Ihnen vorschwebt, solange es möglich ist, ist riskant, aber lohnenswert: Sie bekommen mehr von dem, was Sie wollen. Wenn Sie den Versuch riskieren, Ihre Träume zu verwirklichen, könnten diese Träume wahr werden.

Zum Schluss wollen wir uns noch mit einer Frage befassen, die Sie sich in Ihrem Leben immer wieder einmal stellen können. Hierbei handelt es sich nicht um eine Übung, die Sie ein paar Mal machen und dann in der Versenkung verschwinden lassen sollten. Vielmehr handelt es sich um ein sehr praktisches und grundlegendes Werkzeug, das Sie Ihr ganzes Leben lang immer wieder einmal zur Hand nehmen sollten.

Die Lebensfrage

Das, was wir als die „Lebensfrage" bezeichnen, ist mit Abstand die wichtigste Frage, die das Leben an Sie stellt, wenn Sie sich Hindernissen, Problemen oder Kummer und Schmerz ausgesetzt sehen.

In solchen Momenten sollten Sie innehalten, ein- oder zweimal tief durchatmen und sich die folgende einfache Frage – die Lebensfrage – stellen:

Bin ich bereit, all das anzunehmen, was das Leben mit sich bringt, und gleichzeitig zu tun, worauf ich Wert lege?

Uns allen stellt sich diese Frage und wir müssen eine Antwort darauf finden – immer wieder, solange wir am Leben sind.

Nur wenn Sie diese Frage mit Ja beantworten, können Sie sich ein Leben aufbauen, das in Einklang mit Ihren Werten steht. Diese Frage mit Nein zu beantworten, läuft hingegen immer nur auf eines hinaus – nämlich die Unmöglichkeit, das Leben zu führen, das Sie eigentlich wollen. Selbst wenn Sie feststellen, dass Sie im Moment nicht bereit sind, die Lebensfrage mit Ja zu beantworten, denken Sie daran, dass es jederzeit möglich ist, dies wieder zu tun, neue Wege zu beschreiten und Risiken einzugehen, damit sich in Ihrem Leben Dinge zum Besseren wenden.

Nichts ist so lohnenswert auf dem Weg, sich ein Leben aufzubauen, das Ihnen etwas bedeutet, wie jeden Augenblick eines jeden Tages bewusst dafür zu nutzen. Worauf Sie Ihre kostbare Zeit und Energie von heute an verwenden, liegt ganz bei Ihnen. Angst zu haben, ist etwas sehr Menschliches. Das heißt aber nicht, dass die Angst bestimmen muss, wie Sie Ihr Leben leben. Sie können Ihr Leben selbst gestalten. Die Dinge, die Sie in diesem Buch gelernt haben, helfen Ihnen dabei, Kurs zu halten – mit Angst und ohne Angst.

Nutzen Sie die Zeit, die Sie haben, mit Bedacht. Es gibt keinen Weg zurück, keine Möglichkeit, die heute verpassten Momente morgen nachzuholen. Irgendwann wird sich all das, was Sie getan haben, zu dem zusammenfügen, was Sie Ihr Leben nennen werden. Machen Sie das Beste draus. Widmen Sie Ihr Leben wichtigeren Dingen als Ihrer Angst. Wir wissen, dass Sie dazu in der Lage sind. Sie haben die Fähigkeiten, die Sie dazu brauchen. Arbeiten Sie daran, diese weiter auszubauen. Lassen Sie sie wachsen und gedeihen. Machen Sie Ihre Werte wahr. Das ist es, was zählt und was letzten Endes dazu führt, dass Sie und andere einmal sagen können: „Es war ein gut gelebtes Leben.“

Über die Autoren

Dr. John P. Forsyth ist Psychologieprofessor und Leiter des Forschungsprogramms Angststörungen an der University at Albany, SUNY. Forsyth ist ein gefragter Redner, leitet Workshops zur Akzeptanz- und Commitmenttherapie (ACT) und ist Angehöriger des Dozententeams beim Omega Institute for Holistic Studies, beim Esalen Institute sowie bei 1440 Multiversity. In seinen Lehrveranstaltungen und seinen Veröffentlichungen geht es vor allem um Möglichkeiten, mithilfe von ACT und praktizierter Achtsamkeit Leid zu lindern, geistiges Wachstum zu fördern und Wohlbefinden zu kultivieren. Er ist Mitautor von *Mit Ängsten und Sorgen erfolgreich umgehen*.

Dr. Georg H. Eifert ist emeritierter Psychologieprofessor und ehemaliger stellvertretender Dekan an der School of Health and Life Sciences der Chapman University in Orange (Kalifornien). Eifert ist ein international anerkannter Autor, Wissenschaftler, Redner und Dozent für die Akzeptanz- und Commitmenttherapie. Er ist Mitautor von *Mit Ängsten und Sorgen erfolgreich umgehen* und *Mehr vom Leben – Wege aus der Anorexie*.

Forsyth und **Eifert** sind auch die Verfasser von *Akzeptanz- und Commitment-Therapie für Angststörungen* und – zusammen mit Matthew McKay – von *Mit Ärger und Wut umgehen*.

Stimmen zum Buch

„Zweiundfünfzig Wochen hat das Jahr und zweiundfünfzig Goldnuggets glitzern in diesem kurzen Buch. Sie müssen nicht auf einen Berg steigen, um Ihren Guru zu finden: John Forsyth und Georg Eifert sitzen – bildlich gesprochen – mitten in diesem Buch. Sie führen Sie durch erprobte Übungen, die Sie tief berühren und Ihr Inneres so verändern werden, dass die Angst keine Chance mehr hat, Sie daran zu hindern, so zu leben, wie Sie es wollen. Und die beiden tun das in einer Sprache, die sie auch Ihnen für den Umgang mit sich selbst ans Herz legen – voller Mitgefühl, Offenheit, Akzeptanz und Weisheit."

Prof. Ian M. Evans, emeritierter Professor für Psychologie an der Universität von Massey (Neuseeland) und Autor von *How and why people change.*

„Forsyth und Eifert haben ein ganz besonderes Buch geschrieben, in dem sie fundierte Wissenschaft, äußerst praktische Hilfsmittel und eine tiefe Menschlichkeit miteinander vereinen. Angst ist allgegenwärtig, vielleicht in unseren Zeiten mehr als jemals zuvor. Wer auf der Suche nach einem tiefen Gefühl von Vertrauen und innerem Frieden ist, dem lege ich dieses Buch ans Herz."

Dr. Rick Hanson, Psychologe und Bestseller-Autor.

„Dies ist ein wunderbares Buch, ein Glanzstück. Es zu lesen ist, als unternähme man eine Reise in Begleitung eines klugen und liebevollen Lotsen. Die erfahrenen Autoren führen Sie Schritt für Schritt auf einem Weg, auf dem Sie die Bereitschaft, das Selbstmitgefühl und die Klugheit entwickeln, die Sie brauchen, um die Fülle eines gut gelebten Lebens mit offenen Armen zu empfangen. Es ist schlicht exzellent."

Dr. Dennis Tirch, Autor von *Selbstmitgefühl als Weg durch Angst und Panik.*

„John und Georg haben es wieder getan: Dies ist ihr drittes hervorragendes Buch, in dem es um eine radikale Veränderung unseres Umgangs mit der Angst geht. In zweiundfünfzig mundgerechten Kapiteln beschreiben sie eine Vielzahl an einfachen, aber wirksamen Möglichkeiten, ein ganz neues Verhältnis zu Angst, Furcht und Unsicherheit in all ihren unterschiedlichen Erscheinungsformen zu entwickeln. Sie lernen nicht nur, wie Sie die Angst entwaffnen können, sondern auch, wie Sie sie nutzen können, um ein erfülltes und sinnvolles Leben zu führen. Wenn Ihnen daran gelegen ist, Ihre Blockaden und Barrieren zu überwinden, zu einem tiefen Selbstvertrauen zu finden und all die wichtigen Dinge zu tun, vor denen Sie Angst haben – dann ist das Ihr Buch!"

Russ Harris, Autor von *Wer dem Glück hinterherrennt, läuft daran vorbei.*